照らす

ここから明日へ

ＭＲＴサンデーラジオ大学
20人のメッセージ

発刊にあたって

MRT宮崎放送 代表取締役社長　春山　豪志

MRTラジオ番組「サンデーラジオ大学」は、一九九二年四月の放送開始から二十二年間「宮崎の今　そして未来を考える」をテーマに、宮崎県内外の第一線で活躍する大学の研究者、実業家、芸術家、様々な分野のスペシャリストの方々をスタジオにお招きして、ひとつのテーマで一時間のお話をうかがい、番組リスナーの皆様に未知の分野の知識や情報を、また、ゲストの方の人生の知恵、ものの見方をお伝えしてきました。

フリーアナウンサーの薗田潤子さんがインタビュアーとして独自の「対話力」で、各ゲストの皆様の魅力を生の声としてしっかりと引き出し、番組をお聴きの方々へ何かを考えるきっかけを提供する番組となっています。

日曜の夕方一時間のインタビュー番組が続いていることは、薗田潤子さんの番組制作力によるものだと思います。

そして、「どう生きていくのか……」「宮崎をどう活性化させていくのか」様々な課題について、その分野のトップランナーの方々にお話を伺いながら、リスナーの皆様とともに「宮崎の今」そして「宮崎の未来」を考えることは、民放ローカル局の使命のひとつだと考えます。

二十二年間の番組出演者は延べ千二百人を超えています。番組スタートから十年目を記念して二〇〇二年に『この30人に聞け！　宮崎の今 そして未来』として出版しましたが、今回、宮崎放送の「開局六十年」の記念事業のひとつとして、この十二年間の番組にご登場いただいた方々の中から二十名の皆様にご協力をいただき二作目の出版をさせていただきました。

その内容はどのお話も興味深く、示唆に富み、これから私たちの歩むべき方向を指し示してくれるものばかりです。ご登場いただいた方々には心から敬意と感謝を申し上げるばかりです。

ひとつだけ残念なことは、紙面に限りがあることから二十名の方々しか掲載できないことでした。この場をお借りして番組にご出演いただいたすべての皆様に心からお詫びとお礼を申し上げます。

最後になりましたが、制作編集に携わった薗田さんはもとより、ＭＲＴのラジオ番組スタッフの皆さん、発行所の鉱脈社および川口敦己社長に御礼申し上げます。

「サンデーラジオ大学」は、「より良いふるさと宮崎」のため、「宮崎放送」の社会教養番組として、これからも放送を続けてまいります。

目次

発刊にあたって……MRT宮崎放送 代表取締役社長 春山 豪志……2

江夏 拓三 霧島酒造株式会社 代表取締役専務
一点集中。掘り下げて、夢をかたちに……10
ずっとイモにこだわり続けて売上げ日本一／「芋焼酎」ブームの火つけ役となった「黒霧島」／東大工学部出身の父、理系が生んだ近代的焼酎工場／黒から赤、茜、金、黒宝……次々と生まれた発想／地元とコラボしながら、世界に向けて発信

大村 昌弘 宮崎産業経営大学 学長
若者漂流、君たちの声が聞きたい……20
やっぱり働きたい若者たち、社会はどう受け入れる／波乱万丈のキャリアスタート／三年経たずに離職してしまう「七五三問題」／まず基礎学力。プラス人生を生き抜くセンスを／在学生にも、卒業生にも、就職のためのケアを

川越 宏樹 学校法人宮崎総合学院 理事長
「Be young」変化を起こそう……30
学問研究型教育と職業教育、二つのラインから成る教育制度を／飫肥から宮大付属、慶應高校へ。カルチャーショックの洗礼／海外経験で得た、母国を見つめ、愛し直す時間／アジア会議の成功、日本青年会議所、そして政治の世界へ挑戦／変化に対応するより、自ら変化を起こす側に立とう

神崎 義世 神崎建設工業株式会社 代表取締役社長
利他の心でマンション事業……40
大学卒業後、東京五輪に沸く建設業界へ／ぶつかってぶつかって、四十八歳で創業／ユーミーマンションの代理店に。「神崎仕様」を確立／「満室御礼」へ。「カンエイ」方式を展開／売り手良し、買い手良し、世間良しの三方良し

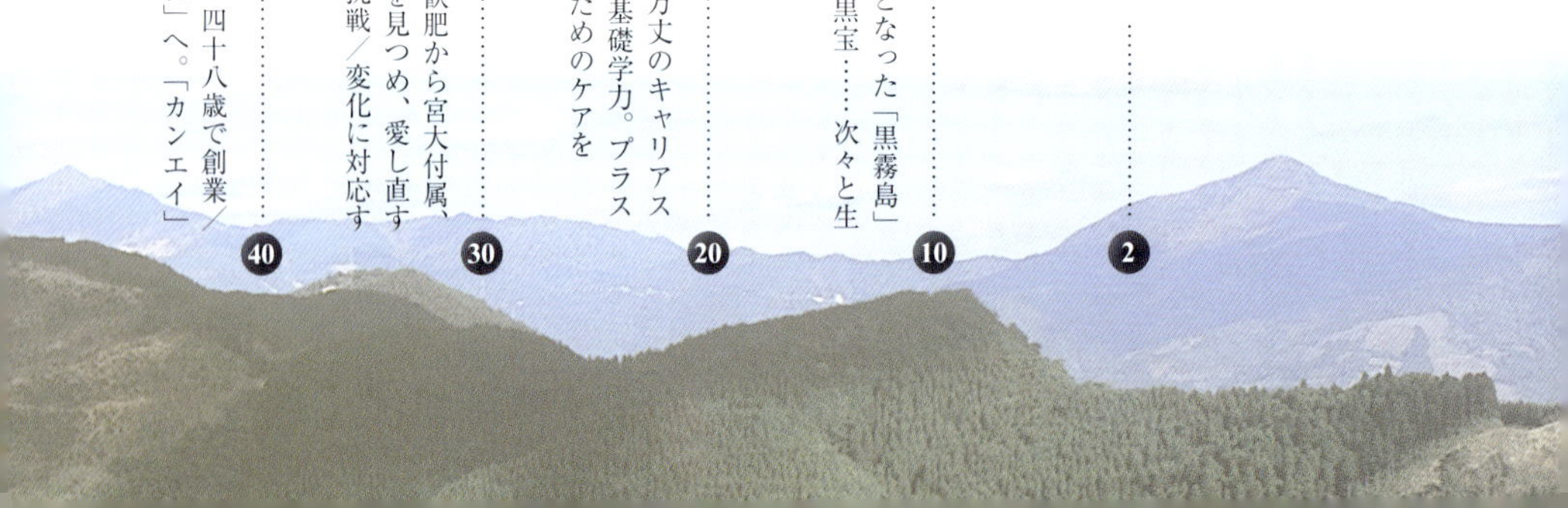

菊池 克頼
成長は自らの手でつかむ
宮交ホールディングス株式会社 代表取締役社長
一ツ瀬川流域の自然に育まれた少年時代／友との切磋琢磨、学生結婚、そして航空会社へ／誰かが見ていてくれる、信じる力を柱に／何度も何度もくり返して、わかってもらうまで／なくてはならない会社、あってよかった「宮交さん」に
50

久保田 茂
やろうと思えばできる
思いは現実になる
株式会社久保田オートパーツ 代表取締役社長
子どもの頃の夢は「工場を持ちたい！」／三年修業したら、もう一度自分の人生を考え直したい／部品販売から中古車販売、車検・整備まで。広い土地を求めて／「自分のためじゃない、人のため、社員さんのため」／世界を歩きたい
60

黒木 敏之
大地を醸し、ブランドを磨く
株式会社黒木本店 代表取締役
青春時代に出会ったマルケスの小説『百年の孤独』／音楽に没頭した大学時代、社会人経験を経て地元へ／これが売れなかったら……背水の陣から生まれた大ヒット商品／丁寧な手仕事、自然なものづくりこそが新しい時代のものづくり／働いている人がどれだけ誇りを持っているか、それがブランド力
70

小池 光一
島は、島国日本の縮図である
株式会社宮崎銀行 頭取
金融政策を通して、公共のために、公益のために／強烈な匂いがもたらした島の魅力との出会い／島は、現代日本が抱える様々な問題の縮図／品性と強靭さを兼ね備えた銀行を目指して
80

新森 雄吾
力の限り誠を尽くす
宮崎を日本一の農業県に
JA宮崎経済連 代表理事会長
挑戦のチャンス。まず現場を見極めて／弱い自分を克服するため、北海道までヒッチハイク一人旅／人に頼るということを覚えて、乗り切った新人時代／システムづくりで「まとめる」ことの大切さを学ぶ／環境に恵まれた宮崎を、日本一の農業県に
90

菅沼 龍夫
力一杯、今を生きる
——謙虚に、柔軟に、とことん
国立大学法人 宮崎大学 学長
変わりゆく大学、他にはない強みを打ち出す改革を／「世界を視野に地域から始めよう」／町医者の家に生まれ、大学で恩師との出会い／病理学から解剖学への研究者の道／「愚直に」「謙虚に」「柔軟に」「とことん」
100

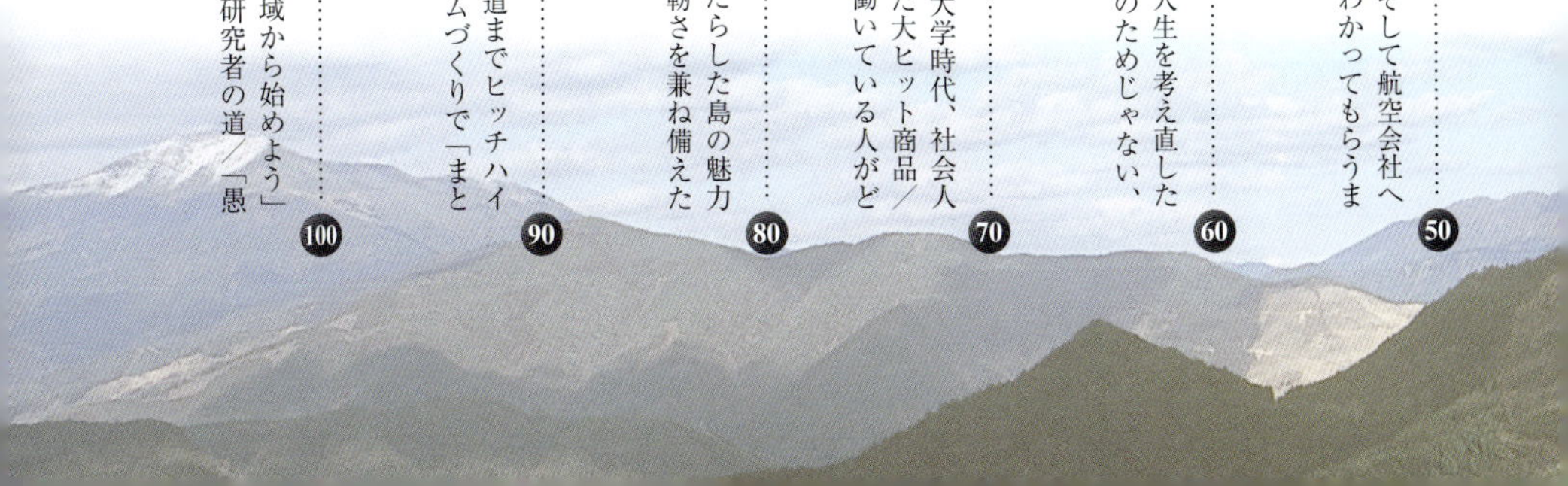

髙橋 洋　スカイネットアジア航空株式会社　代表取締役社長
空から笑顔の種をまこう
宮崎からアジアへ
本社は宮崎。九州のエアライン、再生へ／銀行マンとして、歴史の転換を目の当たりにする／企業再建ビジネスの経験を経て、宮崎へ／若手主導で社内改革。ソラシドらしいサービスを／航空事業を超え、地域をコーディネイトする …… 110

土屋 利紀　医療法人　社会福祉法人　慶明会　理事長
「お陰さん」の気持ちで
あるがままに55年
祖母と父の自宅療養を経て、老人福祉施設設立へ／まちの眼医者さんだった父の姿に学び、医学の道へ／見知らぬ地、宮崎で開業。眼科医の立場から課題に取り組む／医師、看護師、ボランティア、サポーター、皆で築くケア主体の病院づくり／「おかげさま」「ありがとう」「あるがまま」をモットーに …… 120

中島 弘明　メディキット株式会社　代表取締役会長
新しいものは作っていて
楽しいです
原点は富士山への憧憬、海外美術館で見た光景をふるさとに／証券マンから、医療機器開発を目ざし、アメリカへ／コタツの上で生まれた世界初の一体成形型カテーテル／人が変わると全く観点が変わる。変化は現場から／足元を固めて、自分が先頭に立って …… 130

野﨑 藤子　一般財団法人　弘潤会　理事長
医療・介護・福祉の連携、
伸ばそう健康寿命
宮崎市内初のMRI画像診断センター／二児を抱えたシングルマザー、三十三歳にして医学生に／福祉事業に夢を描いていた父の理念を受け継ぎ／医療と介護と福祉が連携した総合福祉を …… 140

長谷川 二郎　南九州大学　学長
苔の研究を通して学問を考える
世界最高峰の研究機関と肩を並べる日南・服部植物研究所／原始的なりに苔らしいやり方で繁栄／山歩き、探検好きから、コケ研究の道へ／二十年のオーバードクターの末、南九州大学へ／40年の歴史を生かして、人間として育つ場に …… 150

日髙 晃　株式会社日髙時計本店　代表取締役社長
決意と勇気をもって
世界に通じる地域創造へ
シベリア抑留、引き揚げ、苦労した父母に育てられ／串間市でスタートした父の時計屋／もっとも大変な時期に社長に。会社を作り直す／「豊かさ」と「美学」をキャッチフレーズに／ジャズのスピリットをまちづくりにも …… 160

松永 裕文　フェニックスリゾート株式会社　代表取締役社長

人生のターニングポイントを楽しむ …… 170

前向きに、長い目で、それぞれのターニングポイントに向き合う／海外への夢を育んだ青年時代／異文化のなかで――台湾からアメリカへ／勇気をくれたモーツァルトとメジャー・リーグ／アジアNo.1のエンタテインメントリゾートへ

村岡 浩司　有限会社一平　代表取締役

宮崎の街を元気にしたい …… 180

元祖レタス巻きを生んだ父、そのチャレンジ精神を受け継いで／アメリカで芽生えた商売の面白味。しかし、二十代の挫折／「俺は俺でやれるんだ」、挑戦の日々の三十代／「九州」をしっかり売り、その中で輝く点になる／目標を一つにすると、パワーが出ます

米良 充典　米良電機産業株式会社　代表取締役社長

テーマをもって取り組めばチャンスはある …… 190

年初め、朝一番、何事も始まりが大事／開発ラッシュに沸いた高度成長期の電気需要／寝ずに電線のことを学んだ三年間、通い詰めて得た故郷の人脈／探究心とチャレンジ、そして諦めない心／二〇二〇年に向けて、自分は、宮崎はどう切り込めるか

渡邊 眞一郎　京屋酒造有限会社　代表取締役社長

伝統と革新――焼酎を世界に …… 200

やってきた第三次焼酎ブーム、本来の味わい方が認められ／苦手な自分でも飲めるよう開発したすっきり味／代々伝わってきた甕を大切に、新しいものを加えていく／食事にも合う低アルコール度数の蒸留酒、焼酎を世界へ／「心配するな、工夫せよ」の精神で夢に挑戦

【掲載企業・機関等連絡先一覧】 210

時代を切り拓く言葉たち――あとがきにかえて――

MRTラジオパーソナリティ　薗田 潤子 …… 212

＊肩書き、文中の数字等は放送当時のものです。

照らす

ここから明日へ

江夏 拓三 霧島酒造株式会社 代表取締役専務

一点集中。掘り下げて、夢をかたちに

えなつ たくぞう
1949（昭和24）年、都城市生まれ。1977年、早稲田大学商学部卒業。霧島酒造株式会社に入社。2000年5月、代表取締役専務に就任。会社づくりは人づくりがモットー。

霧島酒造株式会社
1916（大正5）年、江夏吉助が都城市に創業。49年、株式会社に組織変更。工場敷地内から湧出する「霧島裂罅水」を使って芋焼酎「霧島」（現・白霧島）を製造・販売する。98年、「霧島ファクトリーガーデン」をオープン。2012年、焼酎売上高日本一となる。

ずっとイモにこだわり続けて売上げ日本一

――二〇一二年、一三年と焼酎メーカーとして全国一の売上げ。麦焼酎を抜いたと聞いたときには私たちも嬉しかったんですが、どのような感想をもたれましたか？

江夏――当社はずっとサツマイモにこだわり続けてきました。芋焼酎の良さが、ようやく全国に認められたと思いました。栄養成分たっぷりのサツマイモが焼酎に変化しているわけですから、芋焼酎でなければできない柔らかみやとろみ、舌触りなどを味わってほしい。黒霧島の「トロッとキリッと」というキャッチコピーは、それを一言で言い表しているんです。全国の方に認めていただけたというのは、焼酎のみならず、食文化に対する理解が大事だったと思っています。二十七年くらい前から、食べ物と焼酎の関係、食文化と焼酎文化の関係を築いてきました。「うまいものはうまい。」という広告企画シリーズを展開しました。地元の料理を紹介し、その横に必ず焼酎がある。シメサバやウマヅラを食べながら焼酎を一杯やるなど、必ず食とのコラボがある。食の邪魔をしてはいけませんから、あまり自己主張しない焼酎を造り上げたんです。「うまいものはうまい。」の初期の原稿は私が手がけていて、十四、五年間書いていましたね。月二回の掲載ですから、締め切りが迫ると徹夜して書いていました。食に対する考え方を学びましたね。食べ物は地域の人が努力してはじめて食べることができる。農家の方をはじめ、一つひとつ手間がかかるのです。それがこの取材を通してわかりました。

――ずっとひた走りに走ってきた感じがしますが、いかがですか？

江夏――ただただ仕事一筋にやってまいりました。わき道に逸れる余裕がないというか、それくらい焼酎業界は厳しい。焼酎には麦焼酎もありますし、米焼酎も蕎麦焼酎も

月２回、新聞に掲載していた
「うまいものはうまい。」シリーズ。
初期の頃は原稿を手がけていた

ある。その中で生き残っていくのは本当に大変なことです。焼酎だけではなく、清酒ともある面ではバトルがありますし。

「芋焼酎」ブームの火つけ役となった「黒霧島」

――黒霧島の登場は印象的でしたが、あれはどういう発想から生まれたんですか?

江夏――それまでの焼酎は白麹を使っていました。白麹というのは非常に便利で、胞子が白いので蔵が汚れないし清潔に見える。一方、黒麹は胞子が真っ黒で、作業している人の服も汚れるし、社屋自体も真っ黒になってしまうんです。だから黒い麹は嫌がられる。しかし、黒麹というのはもともと原点なんです。今でも泡盛は黒麹を使っています。白麹は、いわゆる突然変異として偶然見つかったんです。ライオンに白ライオンができたり、ヒョウに白ヒョウができたりするのと一緒です。ところが白麹と黒麹とでは、味がやはり違う。黒麹はいろんな味が複雑にバランスよく整っています。鹿児島の沖合にある島々にはこの原点である黒麹が残っていて、何カ所か回っていくうちに、小さい焼酎屋さんで美味しい焼酎を造っているのを見つけたのです。トロッと具合、すっきり具合が違う。一本だけ持って帰って、自社のブレンダーや研究の人にお願いして造ってもらったら、うまいものができたんです。

――黒麹を使った霧島だから黒霧島。名前は最初に決まったんですか?

江夏――別の名前をつけてもよかったんですが、書家・松田藤吉先生に書いていただいたあの流れるような「霧島」という文字は、我々にとってはご本尊みたいなものなんです。ですから、ご本尊のない名前をつけてもあまりうまくいかないと思い、「黒霧島」としました。ラベルの色も黒にしたんですが、当時食品業界で黒を使うのはタブーでしたから、社内でもずいぶん揉めました。そもそも黒

黒バックに金の文字が斬新なデザインの「黒霧島」

のラベルというのは、カーナビの画面からインスピレーションを受けた発想なんです。トンネルに入ると白から黒にぱっと切り替わる画面を見て、「今の白いラベルのデザインをそのまま黒に変えたらいい」と思いつきました。それでバックを黒にし金箔を入れたりしたんですが、それでも全体が真っ黒なので葬式焼酎のようだと言われました。当時は食べ物というのは明るくて白っぽいものでなくてはいけないと。黒霧島を出してからしばらくして出てきたのがサントリーさんの黒ウーロン茶。それからびっくりしたんですが京都は黒ブームで、おたべが黒おたべになっていました。その後は枚挙にいとまがないほど、黒が食品に使われ出したんです。

――黒霧島を売り出すにあたって、最初から首都圏ではなく福岡と決めてがんばられた。

江夏―― 東京は首都圏だけでも福岡の十倍以上の人口です。まだ会社の規模が小さかったので、福岡くらいだったら辛抱強くやれると思い、そこから十年以上駒を動かさなかったんです。九州の中では福岡は大市場でしたが、激戦区でした。地元の清酒屋さんに加え、沖縄からは泡盛、広島からは西条の酒、関西からは灘ものや伏見の酒、さらに中九州の蕎麦・麦・米焼酎と、みんながしのぎを削る戦国時代のような市場だったんです。その中で辛抱強く駒を動かさないというやり方をとりました。東京支店や大阪支店からは、東京・大阪でもテレビCMを流してくれと言われましたが、何回言われても「福岡だけだ」と聞きませんでした。ドリルダウンと言って、一点集中で掘り下げていかないと物事って一番宝のところまで当たらないのです。一回完全にドリルダウンすると、そこからどんどん噴出してくる。鉱脈というのは底に到達しない限り噴出しないものだと実感しました。

東大工学部出身の父、理系が生んだ近代的焼酎工場

――おじい様の江夏吉助さんが大正五年からずっと焼酎を作ってこられて、昭和になって霧島

(現・白霧島)という銘柄ができ、そしてお父様が継がれるんですね。

江夏―― 僕は祖父が亡くなってから生まれたので、直接的な思い出はありません。ただ、どんな人だったかは聞いていて、あまりそろばんもできない、字を書くこともできなかったそうですが、ただし頭はよかった。そろばんや字を書くのに番頭さんを連れてきて、それで会社運営をしていたそうです。その後、父の順吉が株式会社にしました。父は東大工学部応用化学科出身で、同級生には偉い人もたくさんいますが、親父だけが田舎に帰って芋焼酎をつくるハメになったんです。父は戦争に突入する前には大牟田の三井化学工業にいました。当時、石炭を液化してガソリンを作っていました。戦時中はそれをゼロ戦に投入するんですが、石油が入ってこなかったのに、どんどんゼロ戦が飛ぶから不思議に思われていました。大牟田に実は秘密工場があって、そこの工場長をやっていたんです。化学のいろんな方程式からプラントの作り方まで一流でしたから、うちの工場は焼酎工場とは思えないほどすべてが近代的なんです。蒸留器まで、江夏のEを取ってE型蒸留器の1号、2号、3号といろいろ考案しています。

―― 焼酎会社を率いていくために、お父様から学ばれたことは何かありますか?

江夏―― 理系の親父はとにかく真面目で一生懸命な人でした。商売に対する考え方はシンプルで、美味しいものさえできればお客様が買ってくれる、美味しいものができたら東京まで自分で持っていって友達やいろんな人にふるまうんだと言っていました。親父が生きている間は、とうとう納得いく焼酎はできなかった。だから親父は東京に行っていません。一九九六(平成八)年に親父が亡くなって、その二年後に黒霧島ができたんです。人間ってそういうものなんだなと思いました。祖父が創始者で、中興の祖が親父。

1960年代の瓶詰めライン

1970年代、2次仕込みタンク

創業記念館「吉助」

研究熱心だった父、
江夏順吉２代目社長

その基礎を受け継いで今、次々と工場を展開しています。

――お父様は一九五五（昭和三十）年に霧島裂罅《れっか》水を掘るんですね。

江夏――秋田の油田のボーリング業者が唯一日本では百メートル以上の穴を開ける技術を持っていましたので、その方々をわざわざ都城に呼んで、毎日少しずつ掘っていました。岩盤に到達すると一日十センチも進まないのです。岩盤は十メートルくらいあったでしょうか、岩盤を掘り終わったときにはスポンと抜けて、裂罅水が三メートル近く噴きだしてきました。僕は小学生だったんですが、よく覚えています。朝、工場が水浸しになっていましたから。

――ご兄弟は何人？　その中で最初から家の仕事をするおつもりでしたか？

江夏――我が家は五人兄弟で、私は三番目。小中学校のときにはみんなから「三番目、三番目」と言われて嫌だったんですが、ある時、一生のうちに三つのものを開拓するんだということに気づきました。一つは霧島酒造を立派にすること、二つ目に独自の会社を設立すること、これは後にＢＴＶケーブルテレビとして実りました。三つ目は心の持ち方を考えていくことです。私はふるさとが大好き、特に都城弁が好きで、地元の人と面白おかしく、楽しく暮らしたくて、早稲田大学卒業後にブラッと帰ってきたんですが、仕事をやっているうちに、だんだん焼酎が面白くなってきました。営業もやりましたし、十年間くらい製造にもいました。そして飲み会の楽しさも覚えました。宮崎の地鶏や美味しいお魚と一緒に焼酎を飲んで、だんだん焼酎業の役目がわかってきました。美味しい焼酎を造れば喜んでいただけ、それが使命感になりました。

黒から赤、茜、金、黒宝……次々と生まれた発想

――昔に比べると、焼酎全体が飲みやすい感じに変わってきましたよね。

江夏――素晴らしいサツマイモを作るにはそれなりの工夫があるんです。芋作りにおいては、この地方の方が世界一上手なのではないでしょうか。焼酎の強い匂いというのは、実は原料不良臭と言って、腐ったサツマイモがちょっとでも混ざってしまうとタンク中が臭くなってしまうんです。サツマイモにはいろんな病気があって、たとえば黒斑病にかかるとイポメアマロンという物質が出てきて、サツマイモが自分で自分を守るために変な酵素を作り出すのです。それを仕込んだら焼酎が臭くなってしまう。今は徹底して、痛んだり腐ったところ、虫が食ったところまで取り除いてパーフェクトな状態の綺麗なサツマイモだけを仕込むことによって美味しい焼酎ができています。匂いの原因にはもう一つあります。蔵が汚れているといろんな微生物が生息して、それがタンクの上にどんどん落ちてくる。それを蔵癖というのですが、ひどくなると腋臭《わきが》臭みたいなものも出てくる。匂いの強いほうが美味しいという人もいますが、都会の人は絶対受けつけないです。うちの焼酎が都会で売れているのは、やはり洗練された旨さがあるからだと思っています。

――焼酎ブームは一次、二次と波がありましたよね。

江夏――一次は三十年くらい前に、薩摩白波さんを中心とした芋焼酎ブーム。それからいろいろな穀類が出てきて、熊本は米焼酎、大分は麦焼酎、宮崎には蕎麦焼酎やゴマ焼酎まで出てきました。群雄割拠の状態のなか、伝統的な芋焼酎は我々がしっかり鹿児島の方々と培ってきました。そして、今が第三次、ふたたびの芋焼酎ブーム。釣り好きが基本のフナ釣りに還るのと一緒で、焼酎飲みがまた芋焼酎に還ったという感じです。

――黒霧島以降も、いろいろユニークな焼酎を出していらっしゃいますよね。

江夏――　本格焼酎としては黒霧島の後に出たのが「赤霧島」。芋類研究の権威である山川理《おさむ》農学博士が作った、ムラサキマサリというサツマイモが原料です。ワイン好きの方にも気に入っていただけると思います。さらに「茜霧島」というオレンジ系の芋を使ったものもあります。味はフルーティーで、桃やかんきつ類の味がしたり、スミレの香りがしたりします。僕はいつも「DNAの勝利」と言っています。DNAで勝利をおさめないと、本当に素晴らしい焼酎はできないと考えております。これまで地球上にないサツマイモを作り出して、それを焼酎に造り上げると、赤霧島や茜霧島ができたりしてしまうんですから。「金霧島」は、冬虫夏草という漢方薬を焼酎に漬け込んでいます。焼酎ではなくスピリッツ類で、九八パーセント以上は黒霧島がベースなんですが、二パーセント弱は冬虫夏草のエキスです。「黒宝霧島」は、「森の黒ダイヤ」と呼ばれるロシアのチャーガというキノコを漬け込んでいます。二万本に一本しか生えていない白樺の木から採ったもので、ロシア人が宝にしているキノコです。これもよく売れています。

――黒霧島というベースからバラエティーに富んだものを作っていこうということですね。

江夏――　焼酎は食文化を楽しむだけではなくて、飲んで健康でないといけない。もちろん焼酎自体はプリン体ゼロ・糖質ゼロです。食事と合わせて楽しんでもらえば、長生きの秘訣につながります。それにさらに健康になるためのものをプラスする。Ax霧島という焼酎があるんですが、これは真っ赤なイクラなどにも入っているアスタキサンチンという成分が入っています。

霧島ファクトリーガーデン

工場見学通路

志比田増設工場

地元とコラボしながら、世界に向けて発信

――商品開発をするとき何か大切なことってありますか？

江夏――気持ちが若くないといけませんね。私は若い人と一緒に世界中に行き、いろんなものを見たり聞いたり、健康なものは何かと現場に行って考えるんです。現場思考というのは大事で、若い人と出かけてそこで何ができるかと考えますと、道中にアイデアがどんどん沸いてくるという感じです。若い人たちもどんどん企画を持ってきます。僕はいつも、「誰も走っていない運動場を走ればいつも一等賞。ゆっくり歩いても一等賞だ」と話しています。誰も真似できないものを作り上げればいつも一等賞になれるんです。物事の本質を突くということも重要です。枝葉のことって世の中にいっぱいあります。本質というのはものの一番深いところ。サツマイモであればＤＮＡを指し、サツマイモ自体美味しいものができないかと考えます。赤霧島が典型的な例ですよね。

――新しい工場ができ、敷地も広くなっています。今後の抱負はありますか？

江夏――我々はやはり地元に支えられています。特にサツマイモの供給がないと何もできませんので、サツマイモ農家の方々と仲良くやっています。他にもお取引のあるいろんな会社の方とコラボすることが企業にとっての力です。社内だけで小さくまとまるのではなく、若い人にはどんどん外に出て行って、よその業者さんといろいろお話をして、夜は必ず懇親会を開いて帰ってきなさいと言っているんです。社員は現在約四百五十名、だんだん五百名に近づいています。毎年三十名くらいの社員を新卒で入れますので、平均年齢はどんどん若くなっていて現在は三十三歳です。特に私の企画室に二十二名いますが、平均年齢は二十六歳くらいになっています。若い人たちには、やはり新しいものを創り出すクリエイティブな能力、開発能力を身につけてほしい。そのためには見聞を広くしないと

いけません。小さい自分のデスクだけにいてはダメ。社内でも製造や研究、営業に行って、いろんな体験をして、それをまとめて自分でアイデアを出しなさいと言っています。

――焼酎の世界をずっと歩いてこられて、焼酎のこれからをどう考えていらっしゃいますか？

江夏―― 既にうちはEUやタイ、アメリカ、中国などに向けて、ラベルやボトルの大きさをどんどん変えて世界中に出しています。食前から食中、食後、さらに二次会まで飲めるお酒というのは焼酎くらいではないでしょうか。それが結局、食文化とともにあるということでもあると思います。

――お好きな言葉って何かありますか？

江夏―― 言葉というより感覚として「心を動かすことができる」ということを大切にしています。これはすごく大事なことで、自分の心をどんどん動かしていくことで何かを創り出す、生み出すことができるのではないかと思っています。人からはすごくハードだろうと言われるんですが、楽しみながらやっているんです。心が喜んでいると何でも人間って前向きになります。次々と新しいものを面白く楽しくやっていますから、体の中が活性化しているのではないかなと思っています。波乱万丈でしたが、やはり親の後ろ姿を見て子どもって育つものだなと思っています。今になって親父の偉大さとか、お袋のありがたさというのを感じながら生きています。

（二〇一四年十一月二日放送）

応接室にて。壁面には複数のアーティストによるコラボレーション作品が。

その後…

二〇一五年一月二十一日には、従来の「霧島」が味わいをさらに深め、「白霧島」としてリニューアル新登場した。横綱・白鵬関をCMに起用して話題となる。二〇一六年五月には、創業一〇〇年を迎える。

大村 昌弘 宮崎産業経営大学 学長

若者漂流、君たちの声が聞きたい

おおむら まさひろ
兵庫県神戸市生まれ。東京大学法学部卒業後、通商産業省（現経済産業省）入省。工業再配置課長、石油計画課長、九州通産局長などを歴任し。1982年に宮崎県商工労働部長に就任。2002年4月から宮崎産業経営大学学長。

宮崎産業経営大学
1987（昭和62）年、宮崎キャンパス法学部・経営学部を開学。91年に都城市に経済学部を開設（2004年廃止）。2013年11月、週刊東洋経済「教育力・就職力・財務力で見る『本当に強い大学』総合ランキング」で全国754大学のうち155位にランクイン。

やっぱり働きたい若者たち、社会はどう受け入れる

――若者が希望を持てるような社会への希望を込めて、著書『若者漂流』を出版されました。

大村―― 表題に「漂流」とあるので誤解を招くんですが、内容は若者への応援歌でして、今の若者漂流をなんとかつなぎ止めて根を生やさせてあげたいという願望を込めて書きました。学長として産経大に来た当初は、卒業生の三割以上が就職できないまま社会に出ておりました。しかし、若い人はやっぱり就職したい、好き好んで一生フリーターやアルバイトでいいという人はいないんです。ところが社会の側が若者を受け入れようとしない。「今の若者は辛抱が足りない」などと若者側に問題があるとして切り捨てる傾向にあります。若者が困っている本当の理由は何かということから目を逸らしていると思いましたので、ズバリそこを書こうと思って現状分析から始めました。

――フリーターやニートと言われる人の数って全国でもすごいんですね。

大村―― フリーターが全国で二百万弱、ニートが六十万。どちらも若者固有の問題です。何故そういう問題が起きているのか考えると、どうも若い人は弱い立場にある。既に社会に入っている人のほうが既得権を持ち、若者にはできる限り遠慮してほしいという風潮があります。宮崎でも、去年でいえば新規採用する企業は二社のうち一社。しかも、就職したときに正社員ではない割合は二人に一人、全国では三人に一人です。仮に就職できても早期に辞めざるを得ない状況が続いていて、これはやはり根本的に日本の経済社会の構造自体を変えなきゃいけないと思います。身分的にも非常に不安定な状況で希望が持てません。結婚できない、子どもを持てない社会状況は、就職問題と無縁ではありません。

――リストラで業績が上向いた話も聞きますが、働く人の犠牲の上にあるということ

『若者漂流』をはじめ
著書多数

とですか?

大村―― 労働白書によると、労働者の取り分というのは過去五年間下がり続けています。大企業でも利益は株主に還元したり内部で留保していて、労働者への分配はどんどん縮んでいる。若い人にストレートにしわ寄せが行くという現実は、否定しようのない事実だと思います。しかし、これからの高齢社会を支えていくのはやっぱり若者なんです。大事に育てていくという視点を持つ必要があると思います。数年前から厚生労働省は、若年者雇用対策を打ち出しています。ただ、なかなか効果が上がりません。日本の経済社会の仕組みそのものに関わる問題ですから。

波乱万丈のキャリアスタート

――大村さんは神戸市のご出身だそうですが、どんな子ども時代でしたか?

大村―― 戦後間もない頃で、校舎は爆撃の穴があいたままでしたし、進駐軍が投げてくれるチョコレートやガムをよく追いかけていました。戦禍の影響も大きく、給食費が払えず弁当も持ってこれない子は、昼になると運動場に出ていっていましたね。そういう子がいじめられていましたが、当時はガキ大将がいて、いじめっ子を成敗していました。私もガキ大将を志願して町の道場にも通ったんですが、気づいたらただの悪ガキになっていて、よく、朝礼台に立たされたり、青竹で叩かれたりしました。高校は旧神戸三中、兵庫県立長田高校へ進みました。かつて神戸には一中、二中、三中と三つの旧制中学があって、一中のバンカラに対して三中はハイカラと言われていました。開放的で、どちらかというと軟派。その自由な雰囲気が好きでしたね。その後、東大へ進みました。

――東大卒業後は通商産業省へ。印象深いエピソードはありますか?

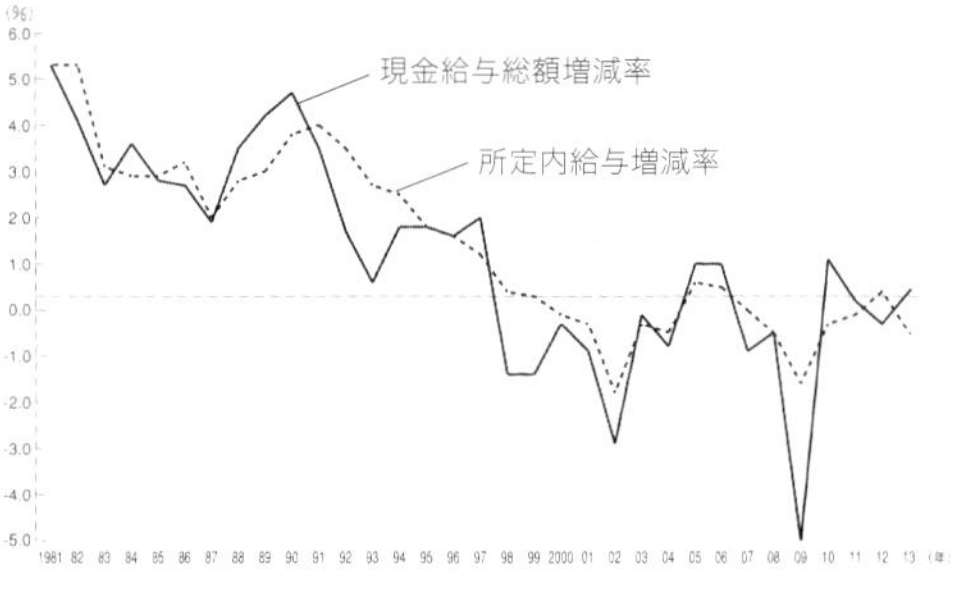

現金給与総額及び所定内
給与の増減率の推移
(平成26年度 厚生労働白書 資料編)

大村―― 念願かなって入省したんですが、初日から大ドジを踏んでしまいました。大臣から辞令を受け取ったその夜、祝い酒に酔ってその辞令を落としてしまうんです。数日後に大臣室に呼び出されまして、行ってみると辞令が落とし物として届けられていたんです。大臣から「二度も辞令を渡したのは君が初めてだよ」と言われ、大汗をかいたのを覚えています。通商産業省は残業が多く、「通常残業省」と呼ばれていました。午前様が当たり前で、ソファーで寝泊まりすることもありました。これまた失敗談なんですが、夜食にメザシを焼いていたら火災報知機が鳴ってしまって。エレベーターは止まるは、防火シャッターは降りるは、大騒ぎになってしまいました。

――お仕事でもがんばられたんですよね。

大村―― 毎年、他の省庁も取りまとめて新しい政策を打ち出す「霞が関一丁目一番地課長」が、通産省から指名される習わしがありました。私が指名された時は、宮崎県に赴任していた経験から地域開発の法律を立案しました。法律を通すには三つの関所があります。一つ目は内閣法制局。法律案の一字一句が吟味されます。ここは若い人にがんばってもらいました。二つ目は永田町。国会議員の支持を得ることです。根回しは慣れていましたので、これは私がやりました。三つ目が最大の難関、他の省庁との折衝です。激しい抵抗に遭い、徹夜の交渉の連続でした。最後は体力勝負でしたね。

――官僚から一転、衆議院議員に立候補なさったこともあります。

大村―― 見事に(?)落選しましたけど。でも、私のような選挙運動は珍しかったと思います。毎朝五時に起きて、神戸市内の駅で出勤する皆さんに挨拶。その後は赤いスクーターで辻説法やミニ集会をやりました。応援団からは「一回の敗退でやめるな」「死ぬまでやりぬけ」と言われましたが、退却の道を選びました。そうこうしているうちに阪神・淡路大震災に遭いまし

1993年には神戸市より衆院選に立候補する。
赤いスクーターで選挙運動を展開

て、支持してくださった方の中にも犠牲になられた方がいらっしゃいます。

三年経たずに離職してしまう「七五三問題」

——若者たちの話に戻しますが、正社員になっても長続きしないとおっしゃっていました。

大村——三年経たずに離職する割合が、中卒で七割、高卒で五割、大卒で三割、いわゆる「七五三問題」です。理由はいろいろあって、社会の側に育てる視点がなく残業残業で潰してしまうこともありますし、四十歳くらいになると賃金が横這いになることから希望を持てず辞めていく場合もあります。単に若い人の辛抱が足りないという一言で片付けるのは、一面的な見方だと思います。宮崎県は集団就職の頃から人材流出県で、実態は今もほとんど変わっていません。高校卒業後に就職する人は、県外と県内で半々。大学進学者で県内にとどまるのは、五人のうち一人。毎年五千人の若者が流出しています。そのうち何人かはUターンで戻ってくるのでしょうが、その数は限られています。

——たいへんな数の人材が流出しているんですね。

大村——人材流出といっても、昔と今とではその意味が決定的に違います。かつては一家に四、五人の子どもがいて、長男は宮崎に残り、他の子は県外に出るという時代でした。ところが今は一人っ子の時代ですから、その子が県外に出て行ったら老夫婦しか残らない。これでは地域全体が崩壊します。若い人に聞くと、実は地元志向が強いんです。それなのに、その希望に反して県外に出ざるを得ない。雇用の場がないからです。とにかく産業の足腰を強くして頑張っていくしかありません。ただ地元企業に頑張れと言っても限界があります。外から企業を誘致し、大きな働き場を作ることに力を入れないと、この閉塞感は打破できないような気がします。

——若者が職に就けないというお話ですが、日本企業が様変わりしたということですか?

大村―― かつての終身雇用や年功序列という古き良き日本の労働慣行を捨て去り、アメリカのグローバリズム、市場主義に変わったということですね。とにかく当面儲かればいいという短期的な視点で勝負せざるを得ず、企業も経営哲学を大きく変更しました。なかには日本型の経営を見直して、ルネサンスを図ろうという企業経営者もいます。例えば世界に名だたるトヨタ自動車は、やはり日本的経営で頑張っていこうとしていますし、宮崎県に工場を持つ世界的精密測定器メーカーも、人材は短期的に使い捨てるものではない、長期的な視点で育てようと言っています。そういう流れは湧き上がってきていますが、まだ大きな流れにはなっておりません。

――簡単な仕事ならアルバイトでもできますが、技術の要る仕事はどうしているんでしょう。

大村―― 即戦力のある中途採用者で対応しています。若い人を育てるには四、五年はかかる。無駄な投資だという認識があります。その考えがある限り、やっぱり若者にしわ寄せが行ってしまいます。若者を育てるには時間と金がいるというのはわかっているんですが、企業自体生き残っていかなきゃいけないという非常に激しい競争にさらされています。

まず基礎学力。プラス人生を生き抜くセンスを

――昔の若者と今の若者と、違いを感じることがありますか?

大村―― 私は若者の応援団長ですから、いつも若者のいいところを見ているんですが、課題もあるのは事実です。一つは「デジタル思考」。白か黒か、賛成か反対か、二者択一の考え方です。一方、多様な考え方でやっていこうというのが「アナログ思考」。デジタル思考は、いろん

職員にも気さくに話しかける。学生も含め、
コミュニケーションを常に大切にしている

な見方をすることが非常に不得手です。これは若者だけの問題ではない。今は世の中全体がそうなっています。もう一つは、コミュニケーション下手。メールのやり取りをコミュニケーションと誤解している若者が多い。人と話し合うとか、目を合わせて話すことが苦手です。また、人生に対して切迫感のない若者もいます。我々はそれを「課題先送り症候群」とよんでいるんですが、とりあえず親のスネをかじって生きていけると思っている。夢は大きいが、先延ばしにしてズルズルと時間だけが過ぎていく。ただ基本的には一生懸命やっている若者が多いですから、温かく長期的な目で育てようという姿勢を、受け入れ側は忘れてはならないと思います。

――若者を取り巻く状況をいろいろ伺ってきましたが、教育にはどんな力があると思われますか。

大村――現在は、ゆとり教育か学力重視かで、ぶれているのが非常に悲しいことです。基礎学力は小さいときに丸暗記させせなきゃいけない、しかしその上でいろんなものの見方やセンスを身につけ、花が咲いていく。二者択一に考えてはいけないと思うんです。ゆとり教育派の方は、丸暗記しても時間がたてば何一つ覚えていないと言っていますが、それは間違っていると思います。そのとき思い出せなくても、丸暗記したことは地球の地層のように積み重なって記憶されているんです。積み重なった地層が、ある時化学変化を起こして、ものの見方に反映したり、センスのある人間になっていくという意味では、えも言われぬ財産だと思うんです。だから基礎はしっかりやった上で、ゆとり教育の花を咲かせるという「教育二階建て論」を僕は展開しています。

――基礎をしっかり身に付けておけば、幅広い見方もできるようになりそうですね。

大村――そこを抜かして個性豊かな教育とかゆとり教育をベースにしているでしょう。それは個性の意味が違う。やはり基礎をきっちり固めた上で個性が花開くのであって、そこを間違えてはいけません。産経大では、大学一年生は高校四年生と考えて、基礎力をもう一度しっかり見直すようにしています。一年生のうちに、いわゆる英・数・国・理・社をもう一度、大学の視点から学び直すカリキュラムを作って鍛えております。高校と大学は連続線上にあるべきです。やっぱり大学の四年間できっちりと高等教育まで身に付けてもらって社会に送り出すのが我々の責務です。例えば、世界の歴史をしっかり知っておかないと、日本国憲法がどうやって生まれたのか、そもそも憲法というのはどう権力を統制してきたのかわからないわけです。

在学生にも、卒業生にも、就職のためのケアを

――進路指導というか職業教育にも力を入れておられると聞いておりますが。

大村――職業教育も、一年生のときから就職を見据えた形で進路研究演習をやっています。学生に「将来何になりたい?」と聞くと、だいたい公務員と言います。それしか知らない。もっと多様な業種や職種があるということを教えてあげないといけない。我々は一人も落ちこぼれなく就職させようという目標を立てているんですが、そうすると履歴書の書き方一つが大切になってきます。サークル活動でリーダーになるとか、勉学に励むとか、バイト先で社会勉強をするとか、一年の時から常に問題意識を持って過ごす。それは、履歴書をどう書くかを整理をしながら生きていくことです。

――ダブルスクールという取り組みもなさっているんですか?

大村――学生と語り合える学長相談室というのを作っていますが、ある女子学生が雑談中に、「私、これから学校に行く」と言う。「あれ? うちの学生がどこの学校に行くの?」と尋ねると、「専門学校」と言うんです。教員を志望しているが、大学の授業だけでは難しいから夜専門学校に行くのだと。それをダブルスクールと言いますが、高い授業料を払って大学に来ているのに、別の学校にも行かせるなんてよくないと思い、専門学校と提携して正規の授業としてダブルスクールを組み込みました。

今年卒業する四年生のうち、ダブルスクール受講者で公務員の最終採用まで行った学生は八六パーセント。私にヒントを与えてくれた女子学生は、鹿児島に戻って高校の教員をやっています。

――いったん社会に出た後で仕事について迷う卒業生のサポートも始められたと伺いました。

大村――大学卒で三年以内に仕事を辞めるのは三割と言いましたが、産経大もやはり三割おりました。それを放っておくとフリーター化してしまう。辞めた職場よりも満足のできる職場に行ったという例は極めて少ない。それなら、先生や就職課の職員もいる母校でケアしたほうがいいと考えました。初めて二年、七十件以上の相談があって再就職に繋いでいます。「ネアカ伸び伸びへこたれず」という言葉があります。高校の大先輩でもあるダイエーの創始者中内功さんの口癖です。人生うまくいかないときもあるけれど、気持ちはネアカで、肩に力を入れず伸び伸びと、どんなことがあってもへこたれず頑張る。どんな環境でも耐え抜く、全天候型の、たくましい若者であってほしいと思います。

――大学に行く意味というのは、どういうふうに考えていらっしゃいますか?

大村――大学四年間というのは青春の貴重な時期です。ここで身に付けてほしいのは、センスです。私自身、センスがあるとは思っていませんが、「原爆を落とされてもしょうがない」とか「女性は子どもを産む機械だ」なんていう大人は本当にセンスの欠片《かけら》もありませんね。いい意味のセンスを磨くことは非常に大事なことです。四年間でしっかり学問を身につけ、その中から自ずと出てくる雰囲気がセンスだと思っています。これが大学教育のポイントで、決して偏差値ではないと思います。一つの物事を、いろんな角度から考えられるかというのは、その人の人間力ですよね。その中で一番いい選択をする力、これもセンスだと思います。ボートに乗るときには、進行方向とは逆を向いて乗りますね。人生はボートを漕ぐようなもの。将来は見えない。見えるのは過去と現在だけです。その中で、センスがいい人は良い判断ができるけれど、センスがない人は滝壺があるのにも関わらず真っ直ぐ進んで落ちてしまうこともあります。センスを磨くというのは、人生を生き抜いていく上で非常に大事な力になるし、これが大学教育の本質的な部分だと思います。

――若者を支える周りや社会に対して期待することはありますか？

大村――　若者を温かく迎え入れて、長い目で育てる努力をしてほしいと思います。親御さんには、親と教育機関との垣根、境界線を尊重してほしい。怪物化して教育現場に怒鳴り込んでくるモンスターペアレントが増えています。これでは校長の仕事はＰＴＡの苦情受付係になってしまい、肝心の先生たちは萎縮してしまう。やはり親と教師とが、大人同士の信頼と連帯関係を再構築するための知恵を絞る時期にきていると思います。特に大学生は一人前の大人になるために、親御さんも自立を促してほしいんです。就職活動にしても、連戦連敗であっても励まして、もう一度背中を押して送り出してほしい。教師は学問を教え、親は聞き役になる。互いに分業化する必要があると思います。

――大学の学長として、これからの展望はありますか？

大村――　宮崎の大学ですから、とにかく若者流出に何とか歯止めをかけたい。そのためには企業との連携を図って、大学の立場から働き場をどう作るかにも頑張っていきたい。社会科学の研究所も作ったんですが、やはり教育の向こうに、働き場をどう作っていくかというところまでが、大学の役割だと思います。

（二〇〇八年一月六日放送）

大学全体で就職のサポートを行い、
就職力日本一を目指す

その後…

二〇一四年八月サンデー毎日に掲載された「学部系統別実就職ランキング」で経営学部は四年連続九州一位。法学部も四年連続四位以内を達成、高い就職率を誇っている。キャリア教育日本一・就職力日本一・面倒見の良さ日本一を目指す運動を展開中。

「Be young」変化を起こそう

川越　宏樹

学校法人宮崎総合学院　理事長

かわごえ　ひろき

1948（昭和23）年、日南市生まれ。71年、慶應義塾大学経済学部卒業後、アメリカ、ヨーロッパへ一人旅。72年、株式会社川越本店入社、73年、株式会社宮崎川越本店設立、代表取締役社長に就任。86年3月、学校法人宮崎総合学院設立、理事長を務める。

学校法人宮崎総合学院

1986（昭和61）年3月設立、宮崎情報ビジネス専門学校を開校。95年、大原簿記公務員専門学校宮崎校、99年、宮崎福祉医療カレッジ、2005年、宮崎サザンビューティ美容専門学校を開校。同系列に九州総合学院がある。

学問研究型教育と職業教育、二つのラインから成る教育制度を

――県内に五分野五校を展開していらっしゃいます。いろんな専門学校があるんですね。

川越――最初に創ったのが情報ビジネス、ＩＴ関係の学校。次に公務員と簿記の学校。さらに介護福祉士を養成する学校、動物の看護と美容師の学校、人間の美容学校と展開しています。生徒は今、県内で千人弱ですかね。九州総合学院というのもあり、長崎に医学技術専門学校、熊本に自動車整備士の学校、鹿児島に情報ビジネス専門学校があります。

――専門学校というのはどういう学校と規定されているんですか？

川越――高校を出て二年課程を卒業しますと専門士という称号を得、大学三年に編入できます。四年課程を出ると大学院に進学できるという繋がりもあるし、高校と同じ役割を果たす専修学校高等課程もあります。この三月からは、職業実践専門課程をスタートしました。文部科学省が規定する一定の要件※を満たした学校の課程に対して認定されるものです。全国二千五百校くらいあるうち、四百七十二校が認定されて、うちは県内五校と長崎・熊本を入れて七校認定を受けております。

――厳しい基準を満たしたということですね。

川越――戦前は多くの専門学校がありました。宮崎大学教育文化学部は宮崎高等師範学校と言っていましたし、同じく工学部は宮崎高等工業専門学校、農学部は宮崎高等農林専門学校と。しかし戦後、アメリカの統治下にできあがった日本の学校教育制度は小中高大が幹となって、専門学校は

留学生対象の日本語科のクラス。70人の留学生が学んでいる（宮崎情報ビジネス専門学校で）

※２年課程以上であること、学校法人であること、企業と密接に連携を取りながらカリキュラムを作ること、第三者評価・学校関係者評価を受け情報公開をするなど、いくつかの条件がある。

なくなってしまった。一方、看護や調理、和裁・洋裁などは戦後も実業学校として残り、さらにいろんな科目が増えて昭和五十一年に正式に専門学校制度が再びできあがったんです。今は全国で六十数万人の専門学校生がおりまして、大学に次ぐ高等教育機関になっています。やはり職業教育に対するニーズがあったということでしょう。今回、職業実践専門課程の認定が始まり、次の段階としては大学・短大と同じ教育制度になっていくと思います。つまり学問研究型の小中高大というラインに対し、職業高校・専門高校・専門学校・専門職の大学院というような職業教育のライン、二つの柱から成る教育制度になったほうがいいという議論がされています。

——これからは職業教育も幹が太くなっていく?

川越——そう思います。現在は全国の高等学校のうち七五パーセントが普通科で、二五パーセントが職業系なんですが、宮崎県は半々。僕はこれが正しい姿だと思っています。東京などは九三パーセントが普通科です。そうすると、無目的に普通科に行って、偏差値に見合う大学に行く。そして結局途中でやめてしまうという例が多いんです。どちらのラインからもまた別のラインに乗り入れできる形にしておけば、非常に柔軟でパワフルな制度になると思うんです。

飫肥から宮大付属、慶應高校へ。カルチャーショックの洗礼

——先ごろ、専門学校を題材にした映画ができたんだそうですね。

川越——『空と海のあいだ』という映画で、専門学校生を主人公にした青春映画です。大学生や高校生が主人公というのはよくありますが、専門学校生ってあまりないでしょう。しかも宮崎が舞台の映画ということで、うちの学校がある老松通りをはじめ、県内いろんなところが出てきます。うちの校舎も映りますし、生徒たちもエキストラで参加しております。

――専門学校を身近に感じてもらえるといいですね。川越さんは、日南のご出身ですね。

川越――日南市飫肥、今町橋のたもと(笑)。うちは七、八代前から材木屋なんです。父は日南市長も務めましたが、材木屋としては養子だったんです。小学校三年まで飫肥小学校に通い、その後、宮崎市に移り宮崎大学附属小学校、中学校。宮崎に出てきて、附属に初めて行ったときはカルチャーショックでした。みんなが靴下を履いているのにびっくりしてしまって(笑)。日南では短い半ズボンに裸足にズックでしたから。でも、卒業するまで意地でも靴下は履きませんでした。

――小学校のときはどんなお子さんでしたか?

川越――児童委員長をやったりしました。戦時中、爆撃で亡くなった付属小の子どもたちを供養する「いとし子の供養碑」というのが近くにありまして、自分たちと同じ学校に通った子どもたちなんだから供養碑を綺麗にしましょうという公約で選ばれました。飫肥から出てきて、負けてなるものかと思ったんでしょうね。

――高校は慶應高校ということですが、試験を受けに東京まで行ったんですね。

川越――中学校卒業後は、東京の慶應高校に行きました。夏休みに東京に住んでいる叔父が帰ってきたとき「大学受験って、よだきいよね」と話したら、慶應大学に附属高校があって、そこを出れば試験なしで大学へ行けると言うものですからその気になりました。お袋と夜行列車に乗って三十一時間かけて行きました。試験会場に行き、受験者が多いのにびっくりしました。二千四、五百人受けにきていてね。通ったのはそのうち三百人です。入学して、二度目のカルチャーショックを受けました。靴下どころではない、みんな革靴を履いてるんです。当時、宮崎の高校では皆ズックだったと思いますよ。学生服も僕のだけ妙に色が違うなと思ったら、皆のはいい生地を使った誂《あつら》えだったんですね。集合写真を撮ると、僕の学ランだけ色が違う。

——慶應高校からは、だいたい皆さん慶應大学へ進むんですか？

川越——六千人の学生のうち、二千人が附属組、四千人が外部組という感じでした。大学では軟式庭球部、今でいうソフトテニス部。一年三百六十五日練習でした。四年のとき東日本学生でベスト8になったんですが、それが最高ですね。そんな訳で大学時代は勉強しませんでしたので、よく四年で卒業できたなと思っています。うちの専門学校の学生はよく勉強しますから、恥ずかしい気持ちでいっぱいです。

海外経験で得た、母国を見つめ、愛し直す時間

——慶應大学を卒業後は、アメリカに行かれたそうですね？

川越——すぐに就職したくないと思って、親父に頼んで卒業してすぐアメリカに行きました。アメリカで二百ドルで四カ月間どこへでも行けるという長距離バスのチケットを買って、全米二十四州を回りました。五カ月間アメリカにいて、それからイギリス、フランス、デンマーク、スウェーデンを周遊して日本に帰りました。アメリカでは四つの家にホームステイしましたが、日本人とアメリカ人の根本的な違いというのを切実に感じましたね。滞在中、必ず受けた質問が二つあって、まずは「お前の宗教は何だ？」ということ。アメリカでは、宗教心を持たない人間はまともな人間ではないという感じでした。「日本では、生まれたときには神様にお宮参りをし、結婚式は教会で行い、死ぬときはお寺です」というと不思議がられました。途中からは面倒くさいので神道と言っておきましたが。もう一つは「原爆をどう思うか」という質問。日本人が思っている以上に、アメリカ人は一般国民に至るまで、あの選択は正しかったのか、申し訳なかったという気持ちを持っているようでした。しかしこっちが批判すると「じゃあ、パールハーバーはどうなんだ」と返ってくる。当時、戦争が終わっ

てまだ二十五、六年のこと。この二つの問題については、あちこちで議論しました。改めて真面目に自分の国のことを考えさせられました。

――日本代表として、聞かれたら何か答えなければいけない感じですね(笑)。

川越――滞在中、昭和天皇がヨーロッパに行かれる際に給油のためにアンカレジに立ち寄られたことがありました。それがテレビ中継されて、天皇陛下が階段を降りてこられる。それをニクソン大統領が下で待っている。なんと言ったらいいのでしょう、すごく感動しました。もう一つ記憶にあるのが、三船敏郎がアラン・ドロンとチャールズ・ブロンソンと共演した『レッド・サン』という映画。三船がとにかくアラン・ドロンを投げ飛ばすんです。思わず立ち上がって、拍手しましたね。外国へ行くと、自分の国のことを愛し直せるという良さがあります。

――外の世界を見てこられて、その後どういうきっかけで専門学校の経営を?

川越――日南に帰って実家の木材関係の仕事をした後に、宮崎市内で建材を売る仕事をしたんですが全然うまくいかなくて。本社や本家にも迷惑をかけ、十五年くらいでやめました。その後、ある人との出会いがあって二十九年前に専門学校を開校したんです。アルビレックス新潟というサッカーチームがありますが、あそこのオーナーは新潟総合学院という専門学校の経営者なんです。その人と出会って、ノウハウを提供するから宮崎で専門学校をやってみないかと言われました。自分自身が立派な人間になるのはなかなか難しいことですが、何かの職業に就きたい人に、その技術や専門知識、心がけなどを教育していくというのは、やりがいのある仕事だと思いました。

アジア会議の成功、日本青年会議所、そして政治の世界へ挑戦

――お母様は、知的障害者のための「つよし学園」をずっとやっていらしたんですよね。

川越―― 昭和四十年設立で、県内の民間の知的障害児用の施設としては最も古いものです。母の弟が重度の知的障害者で、祖母が「つよしが世の中に生まれて生きた証を残したい」という強い気持ちがあったのを受けて、家族や兄弟の力を借りて創った学園です。母のライフワークですね。昭和三十年代だったと思うんですが、「かわいそうな子どもたちに世の中の光を当てねばならない」と誰かが言ったときに、社会福祉の実践家であった糸賀一雄先生は「いやそうではない。この子らこそ世の光だ。この子らの存在こそがこの世を照らす光だ。だから『この子らに世の光を』ではなく、『この子らを世の光に』であるべきだ」とおっしゃっています。それがつよし学園の信条で、それを守りながら今もやっています。

――そういうお母様の姿や学園の様子をずっとご覧になってきた。学校とか人を育てるという思いは、その辺からきているかもしれませんね。

川越―― 正月に実家に戻ると、見知らぬ障害のある子どもたちが何人も泊まっているんです。お袋が、正月に帰るところがない子どもたちを泊めていたんですね。その意味では慣れ親しんでいたということはあるかもしれません。しかし専門学校というのは経営的には簡単にはいかなくて、安定するのに十年かかりました。でも、やはり人が変わっていく姿を見られるということは楽しい。あまり表情もなかった子が、資格を取って自信をつけてくるとすごく生き生きとしてね。就職していく子たちの姿を見られるというのは、非常に夢のある楽しい仕事だと思いましたね。

――宮崎青年会議所の理事長をなさっていた頃には、アジアコンファレンスというアジアを中心に各国のメンバーが一堂に集まる大きな会議があり、その実行委員長もなさいました。

川越―― 今の天皇皇后両陛下に皇太子殿下ご夫妻としておいでいただき、六千人が参加して、私に

父・光明さんと母・喜美子さん、中央はつよし学園設立のきっかけとなった母の弟・剛さん

はとてつもなく分不相応な大会でした。みんな相当無理をして、ギリギリのところでやりきったという感じです。当時、私は三十三歳でしたけど、みんながひとつになって大きな事業をやり遂げたときの達成感はすごく大きかったですね。その後、宮崎は国際コンベンションシティとして大きな国際的な大会も行われましたが、アジアコンファレンスがその最初でした。サミットの外相会合が開かれるまでの観光パンフレットの表紙は、あのときの開会式の写真をずっと使っていましたね。

――その後は日本青年会議所の会頭にもなられる。

川越――アジア会議のおかげで、日本青年会議所に出向することになりました。一九八八年のことでしたから、昭和最後の会頭をやらせていただいたことになります。当時は、北海道から沖縄まで全国各地に行きました。東京以外にいるのが二百日、東京は百日、宮崎が六十日くらいですかね。現在、熊本・長崎・鹿児島と開校させていただいているのも、そのときのご縁からです。

――この間には政治家を志して立候補なさったこともあるんですね。

川越――一九九五年と九八年の参議院全国区、二〇〇〇年の宮崎一区に立候補しました。三回とも落選してご迷惑をおかけしたんですが、自分としてはとてもいい勉強、いい財産になりました。自分の町のことを一生懸命考えると、日本という国の見方も変わりますし、政治や法律の壁を変えなければということもわかってきて、自ら政治の場に出るという意思に繋がっていきました。しかし政治家になるのは、コンクリートに生爪を立てて登るくらい難しいことだと感じました。だから、政治家に悪いイメージを持つ人も多いですが、僕は自分にはできないことをやってくれているすごい人たちだと思っています。政治と金の問題がよく取り沙汰されますが、政治には実際に金がかかるんですよね。事務所を借りるにしても、車にしても、人件費もかかります。ものすごいコストとエネルギーが必要

1982年、実行委員長として挨拶する。
宮崎で開催されたアジア会議開会式にて

なのに理解されない。オープンにお金をいただくシステムがなかなかないというのも問題ですね。

変化に対応するより、自ら変化を起こす側に立とう

――「変化を起こそう」が今日のテーマですが、ご自身もいろいろ変化していらした。

川越―― 自らが変化を起こす側に立ってものを見たり考えたりするということが、すごく大事ではないかと思います。日本で言えば経済力の豊かさ、大きさに反してあまりにも世界に与える影響は小さい。そこはやっぱり変わっていくべきところだろうと思います。

――宮崎総合学院、九州総合学院の理事長として、今後の展望はありますか？

川越―― 今、一番力を入れているのは外国人の雇用促進です。うちも留学生がどんどん増えていまして、この十月で七十人、来年四月には百人になります。二百人くらいまでは増やしたい。彼らが日本語を勉強した後、日本の専門学校や大学に進んで、日本で就職をして、日本の労働力になってくれるといいなと思っています。日本できちんと高等教育を受けて、日本で就職をして、日本で生活を築いていく人たちが増えていくことが大事だと思っています。もう一つは国の学び直し予算というのが、今年度から八百億円ついてきました。二年以上、雇用保険を払った人なら、今は働いていない人でも専門学校に二年ないし三年通うと、授業料の六割または四十八万円が支給され、生活費の援助もあります。いったん専業主婦になった方も、もう一度仕事の資格を取れる。本当は看護師になりたかった、美容師がやりたかったというような人には朗報だと思います。違う角度からもう一回人生を築き直せる制度として、おおいに活用していただきたいです。

――インターナショナル・スクールを創りたいというお話も。

川越―― グローバルな人材の育成ということを政府は言っていますが、今の学校教育制度の中でや

れることには限界がある。もちろん英語の授業時間が倍になるなどいろいろやってはいますが、外国人と一緒に学ぶことで異文化と英語の両方を勉強できるという意味では、各県に一カ所ずつはインターナショナル・スクールがあってもいいのではないでしょうか。今、東京や横浜にあるところは授業料が高いので、もっと安い授業料で地方でやれないかと考えています。英語力を身につけさせたいと思っている親御さんは多いのではないかと思います。

――川越さんは本当に変化し続けている。変化を起こす力ってなんでしょう?

川越――私自身は失敗と恥かきの連続なんですけどね。未来に向かってのことを常に考えるということは、年を取っても必要なのかなと考えています。うちの学校もスタッフが年を取ってきたので、若返ろうということを日々言っています。若い職員チームで三十周年に向けた企画の意見を出してもらったり、「Be young」というのが今のうちのテーマです。なかなか自分では変われないという人がいますが、人が起こす変化に対応するのではなく、変化を起こす側に立ってものを見たり考えたりする癖をつけたらどうですか、と講演などでも言っています。立っている場所とか、ものの見方をほんのちょっと変えるだけで違ってくるものだと思うんですよね。そういう意味で、変化を起こす側に立ってものを見たり考えたりしてみませんかということを、若い人には伝えているところです。

(二〇一四年九月二十一日放送)

「Be young」若い学生たちに囲まれる川越理事長

その後…

二〇一四年八月に鹿児島情報ビジネス専門学校をスタートさせ、一五年四月には小林看護医療専門学校を開校する。農業法人の人材を育成する農業経営学科、フラワーガーデニングの専門知識を学ぶ園芸学科、製菓製パンを学ぶ調理科を擁するフードビジネス専門学校の実現に向け、構想を練っている。

神崎 義世　神崎建設工業株式会社 代表取締役社長

利他の心でマンション事業

かんざき のりとし

1941（昭和16）年、大分県佐伯市生まれ。64年、早稲田大学政治経済学部卒業、鹿島建設株式会社入社。株式会社佐藤組、宮崎の住宅会社2社を経て、90年、神崎建設工業株式会社を設立、代表取締役社長に就任。

神崎建設工業株式会社

ユーミーマンションFC加盟社の中で、12年連続受注実績No.1。地域密着型の総合建設業として、公共事業をはじめ、店舗開発事業や、病院・介護施設などの一般建築事業まで幅広い事業展開をしている。平成24年より太陽光発電事業もスタート。

大学卒業後、東京五輪に沸く建設業界へ

――競争の激しいマンション事業において、神崎建設工業は、そのユニークなアイデアで高い入居率を誇っています。御社が建てているユーミーマンションを見かけると、「満室御礼」という垂れ幕がかかっていることが多くて。一九九〇年創業と、わりと新しい会社なんですね。

神崎――私が四十八歳のときに始めた会社ですから、まだ二十四年ぐらいですか。振り返ってみるとほんの一瞬でしたね。あまり挫折もなく、順調に来ました。正しいことをちゃんとやっていけば、何とかなるのかなという気がしております。

――神崎さんは大分県は佐伯市の生まれですね。どんな子どもさんでしたか。

神崎――ガキ大将というわけでもありませんでしたが、人をまとめていくことが好きな子どもでしたね。地区別対抗の運動会があって、練習して作戦を立てるということは好きでした。私のまとめ方がよかったかどうかは知りませんが、小さい区ながら優勝して注目されました。

――企業経営にもつながってるのかもしれませんね。どんなご家庭に育たれたんですか。

神崎――おやじは水産会社をやっていたんですが、私が中学三年のときに倒産します。そこで、母方の実家が東京にあったので、東京都立青山高校に入りました。この頃から意思を通す強い性格が出てきます。祖父母の家から高校に通うわけですが、三年のときに教育熱心だったじいさんと喧嘩をして、「もう帰る」と大分の佐伯鶴城高校に転校しました。親戚中から「あいつは変わってる」と言われました。その後、早稲田大学に入りました。学生運動が激しくて、私も現代史研究会というサークルに入ってました。ノンポリみたいな形でね。ただ、おやじの会社が倒産したものですから、しっかりしたところに勤めて堅実なサラリーマンになろうという考えを持っていました。

――そして大学卒業と同時に鹿島建設へ。建設会社に入ろうと思われたのはどうしてですか。

神崎――昭和三十九年に卒業したんですが、ちょうどその年に東京五輪がありました。その四、五年前からものすごい建設ラッシュで、働くなら建設会社がいいんじゃないかと考えました。鹿島建設には都合九年間いたんですが、副社長の秘書や営業、購買部などの仕事をしました。購買部というのは、鋼管パイルやシートパイル、H形鋼などを商社を通じて鉄鋼メーカーから買うんですが、何億という金額なので大変な部署です。当時、鹿島建設は建設業界ナンバー1だったと思うんですが、私が仕えた副社長は業界の第一人者でした。この方から人の動かし方を学んだような気がします。

ぶつかってぶつかって、四十八歳で創業

――当時の鹿島建設の副社長さんは、人の上に立って動かしていくのが上手な方だったんですね。

神崎――政界もうまくまとめていたようです。しかし、ここでも私の強い性格が出てしまい「あなたの考えじゃ、うまくいかない」などと上司にも直接言うものですから、結局辞めることになりました。ちょうど大分で義兄が建設会社をやっていて、大分に戻り、そこで秘書役とか営業部長を務めて業績も上げたんですが、ここでもやっぱりぶつかってしまい、鹿児島支店に。鹿児島というところは県外の人をなかなか受け入れない風土がありますから、業績を上げるには特別なことをしなきゃいけない。そこでラブホテルの建設に力を入れました。どういう建物を造り、どう経営すればいいのか徹底的に研究し、鹿児島の有力者に勧めて歩きました。相当な数を建てました。七億五千万ぐらいだった支店の規模も、三年あまりで三十億の支店に育て上げた。

――ラブホテルに目を付けたというのがポイントですね。

神崎――ほかの会社は嫌がりますからね。私は、若い者にとっては必要なものだし、まともに経営

すれば大変いい事業だと思いました。しかし結局、ここでもまたトップの義兄と衝突し、十年在社して、そのときにやっぱり少し考えました。大学まで出て一流の企業に入って、親戚の会社に入ったけどそれもダメで、都合十九年間過ごしてきたわけです。ちょうど四十一歳と男の厄年ですし、これは考えなきゃいけない。六カ月間、生涯で初めて失業保険をもらいましてね。鹿児島に梅ヶ渕観音という観音様があるんですが、家内と毎日そこに行って「今後、ちゃんとまともに生きられますように」と神頼みをしたことを覚えています。ただよかったのは、六カ月間、自由な時間が与えられたということ。このとき初めて読書の習慣が身に付きました。中村天風さんや稲盛和夫さんなど、半年の間に相当の本を読んだ。これが私にとってよかった。

――社長とぶつかって辞めて、半年間は読書三昧の日々。それからどうなさいましたか。

神崎――六カ月が過ぎ、どこかに就職しなきゃいかんと思いまして、知人の紹介で宮崎市のプレハブ住宅会社に就職しました。私の性格からして、いずれ独立するかもとぼんやり考えていましたので、大分や鹿児島では自分がかつて仕事をした会社と競争しなくてはいけない。それならと女房の実家のある宮崎の会社にしました。しかし、やはりトップとぶつかり他の木造の住宅会社へ転職。木造では当時宮崎一の住宅会社でした。ただ私は、住宅という小さい仕事は性に合わないので、ビル建築事業部を立ち上げました。ビル工事の営業に励み、三年半で事業部の売り上げを二十数億円にしたんです。世間で注目もされました。それでもやはりトップと対立し、退社することになりました。

――そして、いよいよ独立ですか？

神崎――独立以外にはないと一九九〇年一月に神崎建設工業を創立しました。四十八歳のときです。私としては日本一の鹿島におりましたし、九州の大手にも、宮崎の地場の二社にもいたので、建設業でこれだけ豊富な経験を持っている人間は日本中どこを探してもいないという自負は持ってたんです。

中でも一番勉強になったのは、宮崎の二社です。経営者の一人として経験を積んだわけですから。

――創業したときはどんなものを手掛けられたんですか。

神崎―― 宮崎で多少知り合いもあったので、六年間、一般の店舗やビル、アパートなどこまごました工事を死にものぐるいでやりました。十五人の社員がおりましたので必死でした。しかし二年目で五千万円の赤字を出したんです。これは私にとって、最初で最後の赤字でした。倒産するのかもと自分でも思いました。それを切り抜けることができて、わずかですが黒字が続くようになりました。

ユーミーマンションの代理店に。「神崎仕様」を確立

――一九九五年にユーミーマンションの代理店になるんですね。

神崎―― そうです。ユーミーマンションでは、事業計画を作って空き地の地主に企画提案して、「賃貸マンションを建てませんか」と勧めます。そして、建てればこれだけお金が残るということを明示するんです。入居管理、賃貸マンションの経営まで引き受けるというところが特徴的な考え方なんです。そこが気に入り、フランチャイズに入りました。

――ユーミーマンションのノウハウもですが、ご自分のノウハウが相当に生きているんですね。

神崎―― ユーミーマンションの特徴は規格品ですから、トイレ、キッチン、バス、フローリング、すべて一緒。全国でまとめて購入するから、ローコストで高品質なものができる。しかし本部の言うとおりにしているだけでは今の若者には受けないと考えました。一九九九年一月に、大手ゼネコンに勤めていた私の息子を入社させました。彼は一級建築士なので、徐々に本部のやり方ではない建物を、特に室内のグレードを上げて改善していったんです。そうして神崎仕様を確立していきました。

――ところでユーミーマンションという名前は、You & me からきているんですか?

神崎―― そうです。まずあなたに、その次に私にと。利他の精神、利他の心なんですね。

――お部屋の中を若者好みのデザインに変えたということですが、本部の方から「同じじゃないとダメ」ということは言われなかったんですか。

神崎―― 強くは言われませんでしたが、批判的な目で見られました。ですから当時向こうの担当者がうちに来ることがあっても、部屋を見ることはしませんでしたね。うちが変わっているということは知っていましたから。ただ今は、ほかの会社も本部も皆、神崎仕様の傾向になっています。フランチャイズが全国で六、七十社あるんですが、その中で毎年、受注高の順位が決まるんです。うちはフランチャイズに入ってから六年後に受注高第一位になりまして、現在まで十二年連続一位です。

――それはすごいですね。宮崎というのは大きな町じゃないですから。

神崎―― うちの前はやはり十三年間ぐらい神奈川の業者が第一位でした。首都圏のベッドタウンですからね。一般的にいえば国内では人口は減少してますから、景気後退のなか逆風にさらされてきたわけです。その厳しい経営環境の中で拡大できたのは、ものの考え方だと思うんですね。自分の商品を持ち、その商品を磨き上げること。別の言葉で言えば、満室経営まで含んだユーミーマンションという商品を売るんだという考え方です。先ほど室内を改良、改善していったと申し上げましたが、もう一つは入居率。ここ十五年間、九七、八パーセントの高入居率を維持しているんです。

「満室御礼」へ。「カンエイ」方式を展開

――建てる方にとっては入居者がいるかどうかが一番大事です。いろんな方式をつく

神崎オリジナルデザインは若者にも人気

入居希望者や仲介業者が利用しやすいようにと宮崎駅前に新築した新社屋内部

り出してきたとうかがっていますが。

神崎――一つ目は全賃制度。うちにはカンエイという不動産会社がありまして、たとえば管理しているユーミーマンションの３ＤＫ六万円の家賃の部屋が一つ空いたとします。そしてＡという不動産業者が仲介して契約を決めたとしますね。すると入居者はひと月分の仲介手数料を払うんですが、通常の不動産の慣習では半賃制度といって、カンエイが三万円、Ａ不動産業者が三万円、両方で分け合うんです。それを私は不動産会社に全額渡すようにしているんです。これで十五年間やってきました。

――カンエイは全く取らないわけですか？

神崎――建設と一体経営していますので、建設の方がしっかり稼げば、カンエイの資金繰りは面倒みれるんです。それよりも満室にすることのほうを大事にしています。不動産業者にとっても率がいいので、宮崎には百二十社の不動産業者がおられるんですが、ユーミーマンションを優先的に斡旋するようになったわけです。不動産業界にはショックだったと思います。全国でも恐らく私が初めてです。それから、オーナーさんに引き渡すときに必ず満室にするというのがうちのやり方です。完成の二カ月前に一室だけを先に完成させ、モデル見学会をやるんです。一棟十二戸がレギュラーなんですが、見学会をやる前にだいたい八戸くらいは予約が入っていますので、あと四戸の予約を取らなきゃいけない。そこでチラシを作って、宮崎市内の場合八万枚を宮崎日日新聞に折り込みます。そうしますとチラシを見た人が来て、残り四戸の予約を入れます。なぜそうするかというと、入居者というのは部屋を見なければ予約は入れても契約はしません。引き渡したときに「私には合わない」と断る方もいるわけです。満室で引き渡そうとしたら、その前に契約をしなければなりません。できあがった室内を前もって見てもらうことで契約が進むわけです。

――ほかはまだ工事途中で、一部屋だけ完成させる。それは大変ですね。

神崎——　私は事務屋だからそういうことができたんだと思います。技術屋さんや施工屋さんにとってはとても面倒なことなんですが、「工事がなければ何も始まらないんだから、まず工事を取れるような方法をやろうじゃないか」と呼び掛け、「この方針に従わない人は辞めてくれ」と強い姿勢を示しました。当時は会議でも反対ばっかりですよ。それともう一つ、とにかく宮崎一きれいな現場にしなさいと施工部隊や工事部長に厳命しています。土曜日には必ず現場周囲の清掃を十五年間実行しています。そういう地味なこと、当たり前のことの積み重ねがうちの信用の基と思います。私もひと月のうちに必ず全現場を回りますが、きれいな現場があって、引き渡しのときには必ず「満室御礼」がかかる。すると、周囲の土地やお金を持っている人が、あそこになら頼んでもいいと思ってくれる。

売り手良し、買い手良し、世間良しの三方良し

——ほかにも常設のモデルルームというのもあるんですね。

神崎——　入居者が退去するときは必ず一カ月前に管理会社に届けを出します。でもまだ住んでいるから新しく入る人は部屋は見られません。それで常設モデルを設けているんです。トイレも風呂場も、キッチンも、フローリングや壁紙も一緒ですから、常設モデルを見れば契約ができるんです。

——どこかのマンションの一室は常に空いている状態にしてあるってことですか。

神崎——　いや、借り上げています。オーナーさんがいらっしゃるわけですからね。一年間借り上げたら一部屋百万。県下に五部屋借り上げていますから、五百万円の投資です。

社内ではまめに社員に声をかける

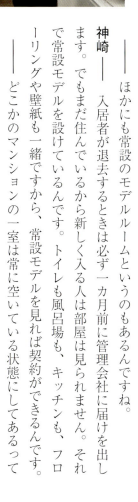

――お話のあちこちに出てきた利他の心がやっぱり神崎さんの根っこですか。

神崎――そうですね。九十七、八％の入居率を維持するために、オーナーさんに代わって入居管理を徹底し、不動産会社にも利益をあげていただきます。これはやはり利他の心、利他の精神が出発点です。私は、商いというのはサービスが大事だと思っています。商いイコールサービスと言ってもいい。「サービス」を「奉仕」と訳す人が多いんですが、よく考えてみるとそれは「他を利する」と訳した方が理解しやすい。商いはすなわち利他の心だということになります。そういう理由から、利他主義を経営の根幹に置いているわけです。具体的に申し上げますと、一番目に入居者に低家賃で快適なマンションを提供する。二番目はマンションオーナーに高い入居率で安定経営を提供する。三番目が、空き地に自ら企画提案をして建設事業を興すことで地域経済の活性化に貢献する。この三つです。商売の鉄則である、売り手良し、買い手良し、世間良しの三方良しを実践してるわけです。「この三つをとにかく一生懸命やりなさい」と社員にも呼び掛けています。「売り上げを上げよう」「利益を上げよう」ということは直接的には言いません。この三つを一生懸命やれば、自然に売り上げも上がり、利益も付いてくるということです。

――これからの日本の経済の変化の中で、神崎建設工業はどうあるべきだと考えていますか。

神崎――アベノミクスで消費税増税とそれにともなう六兆三千億円の対策を行いました。それで一時的には建設業界も潤うかもしれませんが、国内だけでやっていると将来はないと思います。国内市場は少子高齢化で縮小していく。当社はエリアを宮崎県に限っているわけですから、あとはスモールリッチカンパニーを目指していくということですね。小さいけど、豊かな会社。このまま行けば日本経済はいずれ転換するときがくると思います。一千兆円の借金の決済を迫られたときに、転換すると思うんです。大変な混乱だと思いますが、そのときまでにそれに耐え得るような会社にしておきたい。

だから、どんなプレハブ大手にも負けないような力をつけることが、現在の当社の課題ですね。

――斬新なアイデアでやってこられましたが、うまくいかないときもたまにはあったでしょう?

神崎――そりゃあ大変なときもありました。でも本当に真剣に考えたら、必ず手があります。成功するまでとにかく方策を立てるってことです。うまくいかないというのはどこかで諦めているんじゃないかと思います。何としてもという気持ちで貫く、そういう思いでここまでやってきました。

――好調なときも、やはり「勝ってかぶとの緒を締めよ」ですか?

神崎――そこが一番だと思います。人間にとって好調なときも苦境のときも、両方試練だと思います。苦境なら何とかしようと思って頑張りますが、むしろ好調なときのほうが危ない。ここで油断をしたり、感謝の心を忘れて謙虚さを失って驕ったりすれば、必ずダメになる。

――お好きな言葉って何かありますか。

神崎――「知足」という言葉です。足るを知る。難しいんですけど、やはりどこかで足るを知ること。欲望は切りがありませんから、ここでいいんだというところを自分で持たなきゃいけない。そうでないとやっぱり踏み外すんじゃないでしょうか。それともう一つ、「誠実」です。うちの社是は「誠実・創意・執念」。誠実であれば、どんな困難なことも乗り越えることができる。そう思っています。

(二〇一三年十二月十五日放送)

必ず月に一度は現場を
回る神崎社長

その後…

二〇一四年、宮崎駅前の新社屋に移転。ユーミーマンションフランチャイズ加盟の全国六十社の中で神崎建設工業は十二年連続、受注実績第一位を誇る。無借金経営を続け、二〇一五年、創立二十五周年を迎える。人生を充実させるには仕事を充実させることという稲盛イズムを大切にしている。

菊池　克頼　宮交ホールディングス株式会社 代表取締役社長

成長は自らの手でつかむ

きくち　かつより

1950（昭和25）年、西都市生まれ。74年、北九州大学商学部卒業、全日本空輸株式会社入社。2010年、スカイビルサービス株式会社代表取締役社長就任。12年6月、宮交ホールディングス株式会社、宮崎交通株式会社代表取締役社長に就任。

宮交ホールディングス株式会社 宮崎交通株式会社

宮崎観光の父・岩切章太郎により1926年、前身である宮崎市街自動車設立。43年、県内3社が合併し宮崎交通となる。戦後の観光宮崎をリードする。2005年、産業再生機構の支援が決定。バス事業を中心に旅行代理店、ホテル、レストラン事業などを行う。

一ツ瀬川流域の自然に育まれた少年時代

――宮交ホールディングスと宮崎交通の社長に就任されて二年、振り返ってみられていかがですか？

菊池――　あっという間の二年だったような気がします。もともと西都市妻の出身ですので、高校卒業後、四十三年ぶりの宮崎は、懐かしいと同時に故郷に帰って来たなという思いが強いです。

――宮交ホールディングスの中には、今いくつ会社があるんですか？

菊池――　ホールディングスを含めて、宮崎交通、宮交タクシー、宮崎観光ホテル、青島リゾート（ANAホリデイ・インリゾート宮崎）、宮交ショップアンドレストラン、宮崎ビルサービスと七つです。

――宮交のトップにというお話があったときはどう思われましたか？

菊池――　とにかくびっくりしました。子どもの頃から高校まで、宮崎市内への足として宮崎交通を利用して育ちましたので、その会社に入るというのはびっくりしたというのが本当の気持ちです。話を受けてからちょっと時間をいただきました。家内に相談しましたら、「あなたが思っていることを通したほうがいいんじゃないの？」という言葉があって、決断しました。一度宮崎のために力になってくれというメッセージだと思い、お受けしました。

――小さい頃はどんなお子さんでしたか？

菊池――　「良い子だった」と言いたいんですが、よく遊んだ子どもだったと思います。山や川など自然が豊かでしたから。山の中には防空壕がまだかなり残っていて、仲間と一緒に中を探検したり、一ツ瀬川で川遊びをしたり、そん

西都の自然の中で
のびのびと育った菊池少年

な思い出が強く残っています。

――どんなご家庭に育たれたんですか？

菊池――　私の家はサラリーマンではなくて、親父と兄貴二人で土木関係の仕事をやっていました。小さい頃は、ちょうど一ツ瀬ダムが出来る頃だったと思うんですが、車で一ツ瀬ダムの仕事場に連れていかれたこともありました。怖かったですけどね。生まれた年が朝鮮戦争の始まった年ですので、日本の経済がグッと伸びていく時代であったことは間違いないでしょうね。

――そんな中で、将来こうなりたいという夢があったんですか？

菊池――　全くありませんでした。今のように情報があるわけではありませんから、小さい頃はずっとここで生活していくんだろうなと思っていました。ただ商売は厳しいなと思い、中学生ぐらいからサラリーマンになりたいと考えていたような気がします。

友との切磋琢磨、学生結婚、そして航空会社へ

――ANAホールディングスの社長伊東信一郎さんとは、高校時代から仲良しだそうですね。

菊池――　高校時代同じクラスでしたし、六十三になる現在まで長い付き合いです。彼とは面白い関係で、高校を卒業して私は福岡で浪人、伊東は小倉で浪人。大学は入れ替わって、私が小倉の北九州大学へ、伊東は福岡の九州大学へ行きました。浪人時代、伊東がいた下宿から入学試験を受けに行きました。

――そして無事、北九州大学へ。大学生活はいかがでしたか？

菊池――　大学生活も小中高と同じように勉強はしませんでしたね。楽しいことだけをやったような気がしますし、友だちをいっぱい作りました。

——全日空を受けられて、伊東さんにまたバッタリ会うんですって？

菊池——たまたま後輩が、福岡で全日空の会社説明会があると情報をくれて、ダメ元で行ってみるかと行ったのがきっかけです。そして、全日空の試験会場に行きましたら、伊東がいて、「どうしたんだ？」と聞くと彼も「全日空を受ける」と。「バカ、受けるんじゃない。お前が通って俺が落ちたらどうするんだ」と冗談を言った記憶があります。

——めでたく二人通ったそうで、縁は異なものですね。また菊池さんにとってはもう一つプラスアルファの喜びがあったんですよね。

菊池——この年は大型機トライスターが入るということで、社内では石を投げたら四十九年入社に当たるというほど同期が多かったです。私は二十二歳のときに学生結婚したんですが、実は大学三年のときに一度結婚の申し込みに行き、家内の両親に反対されました。将来の自分の経済力を含めて、ちゃんと話をする時期がきたらもう一回聞こうと言われました。そして全日空に合格した後、改めて申し込みに行きました。一年経って、まだ気持ちが続いているのだから許してあげようとなりました。結婚式の司会は、伊東ともう一人河野君という妻高の同級生が引き受けてくれました。

——よかったですね。それで、最初に配属されたのはどちらですか？

菊池——最初は大阪の伊丹空港です。発券係という航空券を発券する部署に配属になりました。大阪には二十人近く配属になったんですが、お客様の搭乗案内は宮崎なまりが強すぎる菊池には無理だという理由で発券係になったと先輩から聞きました。本当かどうかはわかりませんが。

——今はコンピューターでチケットが発券されますけど、当時はどんな感じでしたか？

菊池——片道用航空券とか往復航空券という白紙のチケットを出して、空欄のところに行き先や名

ANAホールディングスの伊東社長（左）とは高校時代からの盟友

前をボールペンで手書きしてお客様にお渡ししていました。大阪離発着の目的地までの片道運賃、往復運賃ぐらいは頭に入っていました。

——電卓はもうあったんですか？

菊池——大阪はソロバンの世界ですから、すべての係員がカウンターにソロバン一つで出ていました。私はソロバンが全然ダメで、コード付きの電卓を用意してもらってカウンターに出ていました。

——一番慌てたのはどういうときですか？

菊池——例えば大阪空港の天候が悪いということで欠航になったりしますと、払戻しの為の小額紙幣や小銭が足りなくなります。百貨店などに両替してもらったりもしました。二十便、三十便と欠航になると、一便あたり二百人くらい乗りますから莫大な金額になります。封筒を用意して払戻金を詰め、お客様の航空券とどんどん交換していく。すべての係員がかかり切りになります。一円でも十円でも間違うと、徹底的に調べなければいけません。ゴミ焼却場で証票を一晩中探したりもしました。

誰かが見ていてくれる、信じる力を柱に

——その後は主に営業畑を歩かれた。航空会社もどんどん変わっていきましたよね。

菊池——入社したときは規制に守られた業界でしたが、国際競争の時代に入って規制緩和が少しずつ進んできました。ちょうどその頃、私は営業本部の課長で、規制緩和に合わせて競争力を付けるにはどうしたらいいかということを企画立案する部署でした。今は一般的になっていますが、搭乗に応じてポイントがたまるマイレージ・サービスを導入したり、運賃が認可制から届出制に変わる時期でしたので、皆さんよくご存じの「早割」とか「特割」などいろんな運賃を考えました。「早割」「特割」という名称は、今でも全日空が登録商標を持っています。

――競争力を高めるためには、いろんな「使いやすい運賃を」ということですか？

菊池――お客様のニーズをまず把握するのが大事でしたので、どういう運賃だったらお客様の支持を受けるかマーケットを調べ上げ、外国にも勉強に行き、航空会社以外の交通機関の勉強もしました。

――全日空はスターアライアンス・メンバーですよね。世界の航空会社とグループになっているんですが、これもやっぱりメリットがあるということですね？

菊池――今、世界の航空会社は、スターアライアンス・メンバー、それからワンワールド・メンバー、そしてスカイチーム・メンバーと大きく三つのグループに分かれています。全日空はユナイテッド航空やルフトハンザ航空がメンバーであるスターアライアンスに入りました。このメリットは、例えばお客様が日本からロサンゼルスに行って、そこからラスベガスに行くとします。全日空単独ですと、ロサンゼルスまでは行けるけれどもラスベガスまでは飛行機が飛んでいない。しかし協定を結んだメンバーの会社があれば、シームレスなサービスが提供できます。お客様がお手荷物を預けられたときに、途中ロサンゼルスでピックアップされずに、最終目的地ラスベガスでピックアップできます。ラウンジについてもアメリカはユナイテッド航空が担当していますので、全日空のお客様もユナイテッド航空のラウンジを使える。全日空とすればコストのかからないラウンジを使え、お客様の利便も大きく広がる。こういうメリットを含め、航空連合に加盟したほうがいいという判断でした。

――長い航空会社生活の中ではいろんなことがあったと思いますが、9・11のテロのときも航空会社は大変でしたでしょう？

菊池――私は、9・11のときはちょうど空港本部の旅客サービス部におりました。お客様を空港でおもてなしし、お手荷物やラウンジの問題をシームレスにサービスす

ANA東京支店マネージャー時代、3カ月の研修でイギリスに滞在。写真はロンドンのリージェント・ストリートにて

る全責任を負う部署です。当時、全日空は、ニューヨーク、ワシントン、サンフランシスコ、ロサンゼルス、シカゴの五空港に就航していましたが、これらの空港すべてが閉鎖になりました。四日間ぐらいだったと思いますが、当然全日空で行く予定、あるいは帰る予定のお客様がいらっしゃるので、その対応に関しては大変な思いをしました。一週間ぐらい泊まりこみましたね。

――その後、役員になられ、サラリーマン人生としてはとても成功なさった方だという印象があります。ご自分の人生を振り返ってみていかがでしょう。

菊池――　サラリーマンですから上昇志向があることは間違いないですが、ただ、与えられた仕事の中でとにかく思ったことを地道に続けていくというのが、結果的に今につながっているのではと思います。会社を辞めようかと思ったこともありましたが、一生懸命取り組んでいれば誰かが見てくれているということが支えとなりました。上司であれ、同僚であれ、部下であれ、誰かが見てくれているということを信じて、どこの部署に行ってもぶつかってきました。

――誰かが見ている。それを信じる力が必要ですね。揺らいだらダメですね。

菊池――　結局、信じる力というのが自分の柱になっていきます。誰も信じてくれないだろうというのが前提になると、仕事もいい加減になる。必ず誰か見てくれている人がいる。ひょっとしたらそれは会社の人間じゃないかもしれないけど、必ず誰かが助けてくれるというのはあると思います。

何度も何度もくり返して、わかってもらうまで

――全日空の役員から関連会社の社長を経て、平成二十四年に宮交に来られて、まずは何をなさいましたか？

東京支店長時代。キャンペーン活動も自ら先頭に立って

菊池――　三カ月間は各事業所をすべて回ることから始めました。それから二十六市町村を回って、宮崎交通バス事業、グループ六社の事業所を回りました。飛行機の世界からバスあるいはホテルの世界に入って来たわけで、過去の自分の経験をベースにすると大きな間違いを起こすと思い、まずは違った目線でじっくり見ることから始めました。宮交は、産業再生機構が入った後、銀行団あるいはスポンサーの皆様を含めいろんなご支援の下に再生を図ってきました。自分は将来の道しるべを社員に見せるために来たんだろうなと思いました。何か変化を起こすときに、トップの交代がたぶんあるんだろうなと。だから前社長は前社長の職責を全うされ、違った展開を私に託されたと思っています。

――そこで既にあった「三ヶ年改善計画」を、また新たに作られたんですね？

菊池――　新たに三ヶ年経営計画を作るという話を始めたのが、八月末から九月にかけてでした。社員らが「なんで今やっている改善計画を置いて、次の経営計画を立てないといけないんだ」と言ってきたのを覚えています。ただ、いろんな形で話をするうちにわかってくれて「わかりました。社長の言っていることを理解します」となりました。つまり三カ月説明をして、納得してもらい、十一月の末から三月まで約四カ月かけて、平成二十五年から二十七年までの三ヶ年計画を作りました。

――トップというのは、下の人たちに動いてもらわないといけない。そのためには下の人たちが納得しないといけませんが、どうすればいいんでしょう？

社員ととことん話すという菊池社長。
宮崎交通本社にて

菊池――　それぞれの業務に携わっている人間には、それぞれの役割がある。私はバスやタクシーの運転はできないしホテルの業務もできないが、社長としての役割があるということです。なかでも三つの大きな役割があると思っています。一番大きいのは、宮交グループが将来どういう形の会社になっているか道しるべをしっかりと示すこと。二つ目は、いろんな判断を求められたときに決断を下すということ。三つ目は、最後の責任はすべて私が負うということです。

――わかってもらうまでは何度も何度も社員の方とお話をなさいましたか？

菊池――　そうですね。これはもう、きりがない。同じことを何度も繰り返すわけです。十回、二十回ではないと思います。同じことを繰り返して、自分の気持ちをしっかりとわかってもらう努力を重ねないと、こういう形にはならなかったと思います。

なくてはならない会社、あってよかった「宮交さん」に

――今後、どういうビジョンを持ってやっていこうとなさっているんですか？

菊池――　宮崎の中では「宮交さん」として昔から親しまれてきましたよね。それと同じようにこれからも、なくてはならない会社、あってよかった会社になりたいと思っています。そのためには、脆弱な経営基盤を根本から見直さないといけないし、市場環境や経営環境が変わっている中ではコンサバティブ（保守的）になっても仕方がありませんので、できるだけ革新的にスピード感を持ってやることが一番大事。そういう宮交グループでありたいと思っています。

――成長戦略とコスト削減、二つの相反するものを両方やるのは大変ですね。

菊池――　超一流の会社でも、成長への投資戦略とコスト削減という相反する二つを満たさないと、自分たちの手で成長をつかむのは厳しいと思います。

――社員の方と議論をするのがお好きなんですって?

菊池―― 大好きです。議論が白熱して喧嘩状態になったとしても私は私の意見を言うし、負けずに反論してくる社員がいたら楽しい。私が一方的にいうだけで議論がなく黙っていたら、この会社はやっぱり将来がないなと思うでしょうね。そういう意味では大いに議論ができる会社でありたい。

――「成長は自らの手でつかむ」、社員の皆さんに何度もおっしゃっている言葉なんですか?

菊池―― そうです。自分の力でつかむという精神は、つかんだときの満足感がすごく大きい。この満足感が次の成長にまた結びついていく。喜びを感じないと、結局発想もネガティブになったり、負のスパイラルに入っていく。ちょっとした成長でも自分たちの手でやったという満足感があれば、二つ目、三つ目の成功へとどんどん成長していく。そうなれば会社は盤石の体制になると思います。

――そうすると、社員さんも変わってくるということですね。

菊池―― もう一つ、宮交グループに来て一番思ったのは、社員が優秀だということです。それぞれがその力を発揮しているかしていないかだけなんです。これを発揮させる、要するに外に出すのが私の役目かもしれませんね。

(二〇一四年五月十一日放送)

本社入口ロビーで。宮崎交通の歴史を物語るなつかしい写真の数々とともに

その後…

一九五四(昭和二十九)年に極東航空(現・全日空)の就航が民間空港としてのスタートとなった宮崎空港では、二〇一四年十一月に就航六十周年を祝った。宮崎交通は一六年に九十周年を迎える。一五年には全国共通のICカードの導入が予定され、利便性と需要拡大が期待される。宮崎観光ホテルも一四年に六十周年を迎え、館内外をリニューアルした。

久保田　茂　株式会社久保田オートパーツ 代表取締役社長

やろうと思えばできる
思いは現実になる

くぼた しげる

1949（昭和24）年、都城市生まれ。宮崎高等実業学校を卒業。東京で電気工事会社勤務などを経て、1975年宮崎で久保田自動車解体を創立。2001年、株式会社久保田オートパーツに社名変更。12年に社長を退任し、相談役に就任。

株式会社久保田オートパーツ

廃車・中古車の買取りからリサイクルパーツ販売、車検整備、中古車販売まで手掛ける。様々な車種のリサイクルパーツ（中古部品）を取り揃え、収益の一部を植樹活動に充てるなど環境にも優しい企業。

子どもの頃の夢は「工場を持ちたい！」

――会社を見学させていただいたんですが、とても広い敷地にいろんな自動車や部品があって、自動車リサイクルの分野では、全国でも有数の企業じゃないですか？

久保田――　広さでは日本でトップクラスになりたい、そういう思いでずっとやっていました。

――創業から三十五年、振り返ってみてどうですか？

久保田――　ほんとに短い。「あれ？　この間」っていうぐらい。子どもの頃、「工場を持ちたい。何としてでも持ちたい」と思いました。高校の校長先生の「やろうと思えばできる」という言葉を支えにずっとやってきました。

――久保田さんは都城のお生まれ。どんな子どもさんだったんですか？

久保田――　子どもの頃は貧乏で、物も買ってもらえなかった。うちは豆腐屋だったんですが、「やれ」と言われれば黙々と親の仕事を手伝い、何も知らない、口答えもしない、そんな子でした。

――途中で日南に移られるそうですが……。

久保田――　親は日南で果物屋か八百屋がやりたかったんですが、途中で転校するのは嫌だろうからと、私が小学校に上がる前にバタバタと引っ越したということを聞いています。都城では遊び仲間がそれなりにいたんですが、いきなり日南の小学校に入学となって、友だちはいないし、都城弁がなかなか通じなくて独りぼっちの一、二年だったように思います。

――工場を持ちたいというのは、いつ頃からの夢なんですか？

久保田――　その頃、子ども同士でお茶を摘みに行ってお茶屋さんに持っていくと、いくらかお金をくれたんです。そのお金を握ってお店に行くと、飴玉を一個か二個か買えました。この世にこんなおいしいものがあるのかとびっくりしたのと同時に、あのお茶工場にはこれを買えるお金があるんだと思い、将来は工場を持ちたいと思うようになりました。それからは工場を見ると、「ああ、これくらいがいいなあ」とか「もう少し大きいのがつくりたいなあ」といつも考えておりました。

――「僕はこんな工場がいい」って思う。めずらしい小学生ですよね。高校はどちらに？

久保田―― 日南工業高校の機械科を受けたんですが、通りませんでした。親から「これからは電気だ。電気科なら行かせてやる」と言われ、私立の宮崎実業高等学校電気科に入りました。

――そこで運命的な出会いを？

久保田―― はい。校長先生なんですが、「やろうと思えば誰にでもできるんじゃから」と、しょっちゅう言われました。全校朝礼も毎週同じ「やればできる」。「またか、それしか知らないのか」と内心思っていました。でも先生は、生徒からバカにされてもずっと同じことを言い続ける。私も二年生になり、これは本当に我々のことを思って言っているんだろうと思うようになりました。するとその頃、二年生でも電気の国家試験を受けたい者は三年生と一緒に勉強していいという話が出ました。そこで「よっしゃ俺も、やろうと思えばできるんだ」と奮起し、全然知らない勉強を三年生と一緒にしました。すごい格好をした先輩がたくさんいて、殺されてもいいという気持ちで一緒に勉強し、国家試験に受かりました。だから校長先生の言ったことはやっぱり本当なんだと思いました。

――「ウサギとカメ」のお話がお好きなんですって？

久保田―― 子どもの頃から、なぜのろまなカメの方が勝つんだろう、自分もカメのように勝ちたい、じゃあどうするかとそればかり考え続けていました。大人になって分かったのは、カメはゴールという目標だけを見て進んでいたけど、ウサギは「あいつより自分のほうが速い」と相手であるカメばかりを見ていたこと。このことを考え続けたのが、自分にとってはよかったと思っています。

三年修業したら、もう一度自分の人生を考え直したい

――電気科を卒業なさって、それから東京へ？

久保田――一番大きいところで修業したいと思い、コンクリートの二十階建て、三十階建ての建物の電気配線をする日本電設という会社の下請け会社に就職しました。当時はいよいよ高層ビルが建ち始める頃で、コンクリートを作る型枠を作って、そのあと鉄筋を作って、それが終わってから空き時間に電気工事をやるので、我々の作業は夜しかありませんでした。でも、人よりも早く仕事を覚えて認められようとがんばりました。すると半年で事務所の仕事をするように言われて、さらに現場監督、次は図面描きと、そこそこ出世コースを歩いていたような気がします。

――その会社にはどのぐらいいらしたんですか？

久保田――三年です。就職する前に高校の先生に言っていたんです。「取りあえず三年間修業したい。三年経ったら辞めさせてくれる会社で、給料の一番高いところを探してくれ。三年したら、もう一度自分の人生を考えたい。本当に電気屋でいいのか、本当は何をやりたいのか、もう一度考えたい」と。ですから会社の上司には、「すいません、約束の三年がきました。後のことは全部部下にお願いしましたので、辞めさせてください」と言いました。

――人生をもう一度考え直す。どういうふうに考えたんですか？

久保田――日南に帰って考えましたが、地元ではやっぱり仕事がない。再び東京へ行きました。自動車整備士の免許を取ろうと思って、運送会社の運転手になりました。ところが資格を取る前に、前の会社で世話になった上司が「もう一度うちに来てくれないか」と三、四回来られて、それまでの三

若かりし頃。昭和43年、東京の赤坂東急ホテルの現場にて

年の恩義をここで返しておけば悔いは残らないだろうと、恥ずかしながら同じ会社に二度勤めました。

――求められる人材だったんですね。

久保田――順調に仕事も覚えて、そのうち一人で何でもできるようになったので、「独立させてください」と言いました。すると「あんたならいいよ」と下請けの仕事をさせていただくことになりました。ところがだんだん仕事が来なくなって、自分でも探すんですがなかなか仕事はない。今度は上司も独立することになり、誘われて共同経営を始めました。でも共同経営を一年やってみてわかったのは、お金を握っておらず現場で一生懸命働くばかりの私は経営をやっているという感覚がない。経営がしたかったのにといろいろ考えて、一年で辞めさせてもらいました。

部品販売から中古車販売、車検・整備まで。広い土地を求めて

――こちらに戻ってこられたのは、それからですか?

久保田――「二度と東京には行かない。宮崎でなんとか飯を食う」と決心して帰りました。当時親が日南で自動車解体をやっていて、長男が「今は調子がいいから」と言うので、それならと思って帰ったんです。ところが父親は「兄弟が一緒にやると、何かの意見の違いでダメになったときは他人の喧嘩よりも大変なことになる。俺が生きているうちは一緒に仕事はしないでくれ」と言うんですね。「宮崎市なら広いから、おまえ一人ぐらい仕事は何ぼでも探せばある」と言われ、宮崎へ来ました。

――親としては、素晴らしいアドバイスかもしれませんね。宮崎市に出てこられて、やっぱり自動車解体業をなさるんですか?

久保田――ちょっと前から自動車はもったいないなあという考えはあったんです。もともと次男が宮崎でやっていて、体の具合が悪くて荒れ放題になっている土地が少しあったんです。それでその土

地を借りて、少しずつ自分で広げていったという感じです。

――スタートのときは手元に資本金がないといけませんよね。資金はどうなさったんですか？

久保田――　東京に約八年いた間に、残業、徹夜、いろんなことをやって一千万ぐらい貯めていたので、それを元手に始めました。二十六歳のときです。しかし始めてみると大変でした。自動車ももちろん高く買わなきゃいけないんですが、始めた途端、鉄屑が段々下がるんです。買って下がる、買って下がる……これはひどかったです。あっという間に半値になったんです。

――仕入れたものが半分になったら、大変なことですよね。そこを何とか持ち堪えた？

久保田――　すぐに子どもが生まれるんですが、家内は東京出身ですので東京で産んでもらうことにし、切り詰めて切り詰めてやっていました。何事も「石の上にも三年」と、うちのおふくろとおやじが言っていたし、元々損をしているんだから取り戻すまではやめられない。とにかく三年間は、何があってもつぶさないでやるという感じでした。

――その間に、もう少し土地を広くしようというお考えになるんですね？

久保田――　お客さんの要望する部品を置くには、土地が広くないといけない。そこで地主さんをいろいろあたって、仕事が終わると毎晩のように「土地を貸してください」とお願いにまわりました。そうして段々広くして当初の三倍以上になり、車がたくさん置けるようになりました。お客さんもたくさん来てくれて部品もたくさん買ってくれ、軌道に乗ったのが三年目ぐらいです。ところが、九百坪になって喜んでいたんですが、それもすぐにいっぱいになりました。これはいかん、何とかしなきゃいけないと思っている時に新田原の航空ショーを見に行き、思ったんです。将来は山を買って造成して広い土地を作り、そこにお客さんを呼べば喜んでもらえるだろうなと。十五年間、山を買いたいと言い続けましたが、うちの奥さんが「もうその話は聞きたくない」って言うんですね。「ああ、そうか」とその話をやめて五年経った頃に実現しました。

――夢を持つことも、それを言い続けることも大切なんですね。現在の会社があるところは山を造成なさったんですね？

久保田――　そうです。何もない杉山を買って、あそこを埋めて、この高さにして、こうすればと全部自分で考えました。今、一期、二期、三期工事が終わったんですが、私の代ではここまで。まだ事業を広げていくんだったら、二代目の息子が四期工事をやるかもしれない。そういう余裕はまだ奥のほうにたくさんあります。

――車のリサイクル部品を扱うだけでなく、いろんなことをなさっているんですね。

久保田――　最初は中古部品の販売だけでしたが、いい車を買ってくるんだから、修理して乗れるものは中古車として売ろうと思いました。そのためには整備しなきゃいけないし、修理ぐらいは覚えないといけない。リーマンショックのときには、車が手に入らない、どうしても人が余る、という状況がありました。仕事を確保しないと社員の働く場所がない。社員を解雇しないためにはどうすればいいかと考え、車検や板金も行い、中古車を自分たちで作って自分たちで売るようにする。自分たちで修理までできれば、お客さんも安心だろうと考えました。

――あの広い敷地でお祭りをひらく計画だそうですね？

久保田――　自動車リサイクル業という仕事を、一般の方に見ていただくお祭りです。そこに食事があったり、仕事の実演があったり、実際来ていただいて体感していただくことを考えています。

「自分のためじゃない、人のため、社員さんのため」

山を造成してつくられた広大な敷地に様々な自動車のパーツが並ぶ

――一生懸命お仕事をなさってここまでこられた久保田さんですが、途中で何のために働くんだろうと思われたこともあるんだそうですね？

久保田――経営を始めてからですが、何のための工場か、何で働くのか、飯を食うために働くのか、本当にわからなくなった。それでやっぱり社会人として勉強をしなきゃいけないと思い、倫理法人会や宮崎県中小企業家同友会に所属したり、成功された社長さんやコンサルタントの話をたくさん聞きました。そこでわかったのは、人のために働くということ。「自分のためじゃない、人のため、社員さんのため。会社というのは社員さんの生活を守る砦。それから地球のためだよ。税金はきちんと払うんだよ」と、いろんな話を聞きました。それで目が覚めて、「じゃあ、社員さんのために何をしてあげよう。社員さんが喜べば、お客様が喜ぶ。お客様に喜んでもらうためには、まずは社員さんが喜んでお客さんのために働くような仕組みをつくらなければダメなんだ」。

優れた社員さんは、優れた仕事をする。ダメな社員さんは、ダメな仕事しかしない。するとお客さんも近寄ってこないんですね。それで、勉強会など社員教育には相当お金を使いました。

――社長さんの話で印象に残っているお話って？

久保田――二割、三割程度売上を上げたいという簡単なことを考えていると、それまでと同じことを同じようにやるからいくら努力しても変わらない。発想をまったく変えて違う角度からやると、すぐに三倍、四倍になるというお話ですね。うちの場合は一億からすぐ十億になりましたので、その意味では十倍になりました。

――発想を変えて新しい分野のことを考えるって常にアンテナを張

朝礼から勉強会まで
社員教育に力を入れる

ってないといけないですよね？

久保田――　もちろんそうです。例えば勉強会のお知らせが来たときに、そこに一回お金を払う。するど、また次のお知らせが来る。そのうち情報がいっぱい来るようになる。「法螺《ほら》みたいな話をしなさい」とコンサルタントに言われるんですよ。「できなかったら法螺だけど、実現すればそれはもうあなたの実力です。人に言えばどうしてもやらざるを得なくなる。そうしたら成功する、思った通りになる」と言われました。

――「久保田オートパーツは、ガラス張り経営なんです」ともおっしゃっていますけど、ガラス張りってどういうことですか？

久保田――　これもやっぱり、ある社長さんの話からです。ガラス張りにすると不正がなくなる。社長の給料が不透明だと、たくさんもらってるんじゃないかと変な疑いもかかる。それで全部オープンにしなさいと言われ、十年かけて、私の給料も、通帳も、賃金台帳も、会社の中身も全部コピーして渡すようにしました。ボーナスも今年は誰が何ぼですと、コピーを全部渡します。

世界を歩きたい

――起業しても長続きさせることが大変な時代だと聞きますが、今、頑張っている人にアドバイスするとしたらどんなことですか？

久保田――　やっぱり社員教育です。マズローの五段階の法則ってあります。五つの段階があって、あなたは今どのレベルにいますかと問う。一番下は動物、ただ食うだけでいい。二段階目は、家族だけでいいという段階。三段階目が、みんなと一緒に仕事をする。四段階目は、その中でトップになりたいと思う。五段階目は、地域社会のために何かをしたいとなる。これを念頭に置いて社員教育をしてくださいと伝えたいです。今の若い人はダメだと言われますが、ダメじゃない。知らないからできないだけで、教えてあげればできるはずです。

——これから、久保田オートパーツをどんな会社にしていきたいですか？

久保田—— 私はあと一年七カ月で一応退社します。今、四年がかりで社員さんにいろんなことを教えている途中ですが、あと一年七カ月もすれば恐らく経営ができるようになります。次は若い二代目と若い社員さんがやってくれる。私は完全に退いて、英語を覚えて、世界を自分で歩いてみたいと思っています。松下幸之助さんだったと思いますが、事業を興して半人前、それを承継してつぶれずに持続する仕組みになるよう教育してはじめて、商人として一人前だとありました。私も商人として、せめて一人前になって死にたいと考えています。

——ご自分の人生を振り返って、どんなふうに頑張ったからここまでこれたんだと思いますか？

久保田—— それは人様の真似をしたからでしょうね。できる人、発展する人、主張する人、優れた人、この世の中に生きてきて良かったという人の真似をした。ほとんど真似です。自分のなりたい人を目印にそこまで行きたいですね。

（二〇一一年六月五日放送）

中古自動車部品に関する
様々な部門の建物が並ぶ

その後…

二〇一二年十二月に相談役に就任。その後、マンツーマンレッスンで英語を学ぶ。二〇一四年十一月、世界の中心ニューヨーク、マンハッタンへ念願の語学留学を果たす。次なる夢は留学を重ね、英語をマスターし自社の中古部品を海外に広げること。

黒木 敏之　株式会社黒木本店 代表取締役

大地を醸し、ブランドを磨く

くろき　としゆき

1953（昭和28）年、高鍋町生まれ。77年、立教大学経済学部卒業、株式会社ソニープラザ入社。80年、合資会社黒木本店入社、93年10月、株式会社黒木本店代表取締役社長に就任。還暦を機にフルマラソンに挑戦し、毎年大会に参加している。

株式会社黒木本店

1885（明治18）年創業。創業以来の「たちばな」をはじめ、「百年の孤独」「中々」「野うさぎの走り」など、原料、水、造りまでこだわりの焼酎を発信する。1996年8月、株式会社尾鈴山蒸留所を設立。2004年4月、農業生産法人甦る大地の会設立。

青春時代に出会ったマルケスの小説『百年の孤独』

――『百年の孤独』の著者ガルシア・マルケスが亡くなられました。どう感じられましたか？

黒木――ついに亡くなったんだなと思いました。恐れ多いですが、僕にとっては恩人が亡くなったということです。

――黒木さんがガルシア・マルケスの小説に出会われたのはどんなことから？

黒木――学生時代にラテンアメリカ文学が流行っていて、大江健三郎や中上健次ら有名な小説家が彼を激賞していました。素晴らしい小説家が出た、しかもノーベル文学賞を取ったと話題になっていて、友だちと話すときはマルケスを読んでいないと話に加われない感じでした。かなり難解な小説なんですが、わかったふりをしながらいろいろ話していましたね。

――焼酎「百年の孤独」が誕生したのはいつですか？

黒木――一九八五年、昭和六十年です。うちが焼酎造りを始めて百年目、いろんな思いがあってできた焼酎です。売り出すのに名前をどうしようかなと思ったときに、本棚を見たら『百年の孤独』という本が目につきました。文学好きの仲間などにプレゼントしたら喜ぶだろうという思いで名づけました。寺山修司さんも小説『百年の孤独』に触発されて映画を作られたんですが、タイトルとしては認められなかったみたいです。しかし僕は焼酎という全く関係ない分野でしたから商標登録もできて、寺山修司さんの借りを返したぞと個人的に思ったようなところがありました。

――ガルシア・マルケスは焼酎「百年の孤独」を飲んだでしょうか。

黒木――息子さんのロドリゴ・ガルシアは映画監督で、日本で映画の上映会を行ったとき、関係者の方から試写会のプレミアで焼酎「百年の孤独」を配りたいという連絡があって送りました。息子さんがお父さんにあげたかどうかはわかりませんが、大変うれしいことでした。ガルシア・マルケスもお酒が好きだったそうなので、「百年の孤独」を飲んだ可能性はなきにしもあらずですね。

――「百年の孤独」のヒットがその後、「百年の孤独」との戦いにもなるんだそうですね？

黒木――「百年の孤独」はかなり特殊な、個性的な焼酎です。アルコール度数も高く、定番の焼酎として飲むにはちょっと違うなという感覚は当初からありました。二十七、八年前は売上げのほとんどが「百年の孤独」というような時期もあって、非常に特殊なメーカーだという見られ方をしました。どこに行っても「百年の孤独」の黒木本店さんと言われ続けて、そういう意味で「百年の孤独」と戦いながらやってきました。その後、いくつかほかの製品も世に送り出すことができ、現在「百年の孤独」は売上全体の一〇パーセントぐらいです。

音楽に没頭した大学時代、社会人経験を経て地元へ

――ひいおじいさまの代からずっと焼酎造りをなさってきて、自分は四代目の跡継ぎだと子どもの頃から思っていらしたんですか？

黒木――周りはそう見ていましたけど、うちの父親は継がないほうがいいと言っていました。祖父の頃は一番勢いがあって、父は三代目として苦労したんでしょうね。何でもいい流れのときとそうではないときがある。祖父は県議会に出たり、商売でもやりたいことをやった人でした。一方、父は非常に真面目な人で、「焼酎を造るよりほかのことをやったほうが絶対人生は楽しいぞ」という雰囲気でした。自分も跡を継ごうという気持ちはなくて、音楽がやりたくて立教大学に行きました。

――ジャズがお好きだと伺いましたが。

黒木本店一同。前列中央が祖父、右端が敏之現社長、後列左端が父

黒木―― バンドに入るために行ったという感じで、大学四年間、トロンボーンばかり吹いていました。立教大学にニュー・スインギング・ハード・オーケストラというのがあるんですが、そこに入って一日も休まず練習していました。学生時代に熱中したことが、今の自分の価値観を作ってくれましたし、生き方の基本もそのときに出会った友だちや、そこで感じたことが基礎になっていますね。

――大学を卒業して東京で就職なさったんですね。

黒木―― ソニーの子会社で、ソニープラザという雑貨を扱う会社に就職しました。ソニーは多くの製品を輸出しているので、貿易摩擦解消の一端として海外のものを輸入して日本で売るというスタンスでできた会社です。海外の小物をドラッグストアのスタイルで売るというお店でした。結構、最先端のものが集まっていたと思います。やりたいことをやれ、失敗したらリポートを書けというような社風で、いろんな勉強をさせてもらいました。当時の専務さんが何年か前にうちの会社に来られて、「あそこを注意しろ。ここをちゃんとしなさい」とご注意を受けたりして、ありがたかったですね。

――それから高鍋に戻って来られて跡を継がれるんですが、どういういきさつだったんですか?

黒木―― そのうち自分はサラリーマンが本当にやりたかったのだろうかと思いはじめた頃、映画の世界に進んだ友人が企画があるから一緒にやらないかと声をかけてきたんです。その話に乗っかって、思い切って会社に辞表を出しました。シナリオセンターに行ってシナリオを書く段取りをしたりしていたんですが、好きなことをやろうとなると意外とできないものですね。自分の人生はもっと自由なはずだと思って飛び込んだのに、いざとなると案外悶々とする。それでいったん田舎へ帰ったほうがいいと思ったんです。帰ってみると「うちの商売、あまり元気よくやっていないな」と感じて……。

トロンボーンを吹く黒木社長。学生時代に
音楽に熱中したことが、今の自分の価値観に通ずる

これが売れなかったら……背水の陣から生まれた大ヒット商品

――帰られた頃の焼酎業界や会社はどうだったですか?

黒木――田舎の狭い中での競争をしていたという気がします。僕が帰って来たとき、父親はものすごくがっかりしました。でも父の姿や杜氏さんが焼酎を造る姿を見ていると、自分がやらなきゃと思いました。ちょうどその頃から焼酎ブームになる。雲海酒造さんが蕎麦焼酎を出したり、大分のいいちこさんが出てきたり。それでうちも何かをと思って造ったのが山芋焼酎です。蕎麦が売れるんだったら山芋はどうかな、精が付きそうだし。フランスの詩人、アルチュール・ランボーの上に天をつけて「天嵐坊」という名で売り出しました。これが売れたんです。東京の問屋さんに飛び込みで持って行ったらびっくりするぐらい注文が来ました。農家の若い連中に「山芋を作ってくれ」と頼んで、山芋焼酎で一緒に全国制覇するぞと言っていた時期もありました。しかしすぐに真似するところが出てきて、売れたのは一年半。結局、借金を残しただけ。それから「百年の孤独」まで三年かかりました。

――苦しみの三年間だったんでしょうね。

黒木――売れ残って貯蔵になっている焼酎を何とか売ろうと考え始めたのが、「百年の孤独」誕生のきっかけです。樫樽に焼酎を詰めながら開発していきました。飲んでみたらこれが美味しかったんです。よその焼酎とは全く違いました。後で聞いたことですが、三つ以上、他と違いがあれば本当に個性があると言えるんだそうです。「百年の孤独」は、まず名前がユニーク、そしてアルコール度数が四十度、それに色もついているんです。パッケージも違うでしょう。だから、三つも四つも今までに見たことない焼酎で、「何だこれは」

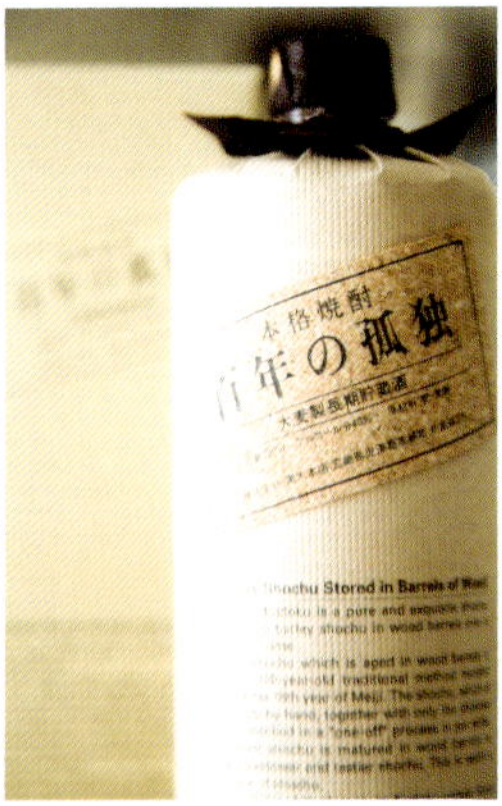

マルケスの小説名、ドルフィーの言葉をパッケージにした「百年の孤独」

という感じで受け入れられましたね。

――パッケージが素敵ですよね。英語の文字がたくさん書かれていて。

黒木――　エリック・ドルフィーというジャズミュージシャンが「ラスト・デイト」というアルバムの最後の部分で語っている言葉なんです。「音楽を聴き終わったら、それは空中へ消えて二度と掴まえることはできない」。非常に心に残る言葉です。ドルフィーは三十五歳で亡くなりますから、マニアックな名盤中の名盤ということになります。苦しい時期で焼酎造りをやめるかもしれない。だから最後に売れ残っている焼酎を瓶に詰めて、マルケスの小説名をつけ、ドルフィーの言葉をパッケージにして友だちに配ろうと思ったんです。「百年の孤独」がもし売れなかったら、焼酎を続けていたかどうかわからない。だからただの焼酎ではないんです。

――その後、どうやって日本中に知られることに?

黒木――　友人に配るつもりで作った焼酎でしたが、自然と口コミで人気になって。思った通り文学好きやミュージシャンの間で広がっていきました。発売からしばらくして皇太子殿下の結婚式のテレビ番組があったんですが、そこで皇太子のお好きなお酒として「百年の孤独」が登場しました。「お前のところの焼酎がテレビに出ているぞ!」と教えてくれる人がいて、その後は会社の電話がなりっぱなし。大変なことになって……。すでにマニアックな人の間では広がっていたんですが、テレビをきっかけに急速に底辺にまで降りていったという感じですね。今でもときどき若い人と話をするんですが、やっぱりヒット商品がメーカーを変えていく。そういう意味では「百年の孤独」が黒木本店を変えていっ

その土地の原料と水と人がものをつくるという原点から、農業法人を設立。自社のサツマイモ畑で

たということです。だからといって「百年の孤独」ばかりをたくさん造って売ろうとは思わなかった。先程も言ったように「百年の孤独」は焼酎の中では非常に特殊、定番で飲むタイプではないので、売れるのはありがたいんですが、だんだん悶々とし始めました。

丁寧な手仕事、自然なものづくりこそが新しい時代のものづくり

――そういう中で、尾鈴の山の中に蒸留所を造られた。

黒木――黒木本店は街の真ん中にあるんですが、やっぱり自然環境の中でものづくりをしたいという思いがありました。ちょうど焼酎の増税が三年続いた時期に、国税局から増税後の近代化の事例としてチャレンジしてみないかという話がありました。スコットランドを旅したときに現地のウイスキー造りを見ましたが、山の中の谷川の横みたいなところで製造していました。山の中に密造所のような世界を造りました。規格品を大量に造るのではなく、より丁寧に、手仕事あるいは自然なものづくりをすることが新しい時代のものづくりじゃないかと思ったんです。焼酎を仕込む桶は飫肥杉でできています。神奈川や愛知から来た職人さんが、厚さ七センチの杉板を使って全部作ってくれました。木の桶というのは、まず造り手が気持ちいいんです。自然と一体となったものづくりというのはやっぱり肌で感じますね。ただ微生物管理という点では大変ですし、そこで培っていかなきゃいけないものもありました。おかげで今はベストと言える状況になっていると思います。

――尾鈴山蒸留所でできている焼酎は何ですか？

黒木――メインは「山ねこ」、次が「山翡翠《やませみ》」、「山猿」ですね。宮沢賢治の小説や童話には山猫が出てきます。山猫って実は自然の守り神なんです。猟師が獣を撃ったりし

森の中に佇む尾鈴山蒸留所。自然環境の中でのものづくりを実践する

ているといえ山猫が邪魔をしたり、そういうイメージです。尾鈴山蒸留所で新しい焼酎が生まれて、十五、六年前からは農業法人をやりたいと思っていたんですが、農業者の資格を取るのに時間がかかって十年前にやっと農業法人を立ち上げました。焼酎の製造過程で蒸留カスが出るんですが、それで肥料を作ったんです。でも農家の人が使ってくれなかったら意味がないので、自分のところで農業をやってその良さを証明したいと思いました。それから、清酒は日本の米を使うということが謳われていますが、焼酎の原料は国産と決められていないので、米はタイ米、麦はオーストラリア、蕎麦は中国雲南省、芋も中国の芋を使うということが多いんです。本来、土地の伝統文化と言われるお酒は、必ずその土地の原料と水と人が醸し出すもの。とすれば、原料づくりの点でも原点をちゃんと形づくる事例になろうと思ったんです。

——土地が大事だということですね。

黒木——　海外のワイナリーに行くと、まず畑に連れて行かれます。畑のカタツムリを、野ねずみを、虫を、光の当たる斜面を見てくれ、土を握ってみてくれと言われ、それからやっと醸造所に行くんです。醸造所にも土が飾ってあるぐらいですから。土地というものにこだわるし、土地を表現する、風土を醸すということは文化の原点です。京都大学の渡部忠世先生は著書の中で、文化には三つの定義が必要だと言っています。一つは土の匂いがすること。二つ目は手足五感で汗を流す、体を使う。三つ目が収穫を楽しむこと。土と肉体、それから収穫、まさに農業そのものなんです。英語で農業をアグリカルチャーと言いますが、アグリカルチャーの中にカルチャー（文化）があると渡部先生は語っておられる。その土地の文化というのは、やっぱりその土地の原料と人と水が原点。世界で認められている蒸留酒は、必ずその土地の原料と水と人でできているんです。その原点を見つめ直し、実践する。それにはどうしても農業法人が必要だと思ったんです。

働いている人がどれだけ誇りを持っているか、それがブランド力

――でも農業は工場とちがって大変なんでしょう?

黒木――例えば酵母菌や麹菌は温度管理さえしっかりしておけばうまくいきます。でも農業は、天候が悪かった、病害虫が入った、肥料が早かったとか遅かったとか、そういうことが多かった。うまく軌道に乗せるには年数がかかりました。まずは朝礼と終礼をすること、一週間、一カ月、三カ月、半年、一年間の計画を立てることから始めました。天候に左右されることの多い建設屋さんや土木屋さんの計画表を参考にしました。あとは問題点をどう改善するかです。例えば畝一つ作る時も、何故この方向で作らなきゃいけないのかとか、トラクターはどこの場所から乗り入れるかとか、緻密にやって無駄を省いたり。改良改善を加えていくことで、安心できる農業法人になりました。今は芋と麦と米、焼酎の原料を基本に作っています。芋では黄金千貫のほかに、うちではジョイホワイトという芋も作っています。これは当時の九州農業試験場の山川理先生が開発された芋です。非常に爽やかな風味の芋で、しばらく置くと良さが出てくる。黄金千貫は黒木本店、ジョイホワイトは尾鈴山蒸留所でずっと造り続けてきました。

――今は黒木本店で出る焼酎カスはリサイクルできているんですか?

黒木――一〇〇パーセント、リサイクルです。原料の肥料にするのが八割、あとは牛、鶏、豚の飼料として使っています。牛はハーブ牛をやっている藤原さん、豚はあじ豚をやっている山道さん、鶏は地鶏の黒岩牧場が使ってくれていて、非常に好評です。地元の食材と一緒に、地元で取れた芋や麦でできた焼酎を飲む、これはものすごくマッチします。いわゆるテロワールです。その土地の風土を相乗効果で醸しながら味わっていく、文化としてのお酒の原点がそこにあるような気がします。

高鍋町の中心部から
少し行くと広がる芋畑

——黒木本店はユニークな焼酎製造元だと思うんですが、働いている人もさわやかですね。

黒木—— 社員に対しては、会社の目標設定をして、ビジョンを共有化して、理念を伝えていく。一生懸命語りながらやって来たという思いはあります。働いている人が自分のやっている仕事、自分の会社に誇りを持つということはとても大事です。やっぱり働いている人がどれだけ誇りに思っているか、この差がブランドの差だというふうに思います。

——これからやりたいことって何でしょう。

黒木—— やりたいことというか、やらなきゃいけないことは後継者を育てることです。農業法人をもう少し違う角度で発展させていく方向もあると思っています。芋、麦、米など焼酎の原料以外にも違うものを作ってみたり。農業法人は長男が支えてくれて、次男は当初から酒造りをやりたいと言っていました。ワインが大好きな子だったんですが、ブルゴーニュに行って、そこの蔵主に「お前は日本の酒をやるべきだ」と言われて帰って来ました。息子たちとは対立の日々ですよ。でもそれがないといけないわけですから、心の中では本当にありがたいと思っています。

——「大地を醸す」というのが今日はタイトルでしたが、大事にしている言葉は何かありますか？

黒木—— 「人事を尽くして天命を信じる」です。待つのではなく、一生懸命やって自分に与えられた何かがあるということを信じる。天命を信じるということだろうと思います。

（二〇一四年八月二十四日放送）

今後の課題は後継者を育てること。農業法人は長男、酒造りは次男が次代を担う

その後…

焼酎の次の時代を見据えた取り組みとして、二〇一四年には黒木本店のロゴマークを一新し、今後もデザインなどを新たにしながらブランドの再構築をはかる。二〇一五年には新しい焼酎も登場する予定。

小池 光一　株式会社宮崎銀行 頭取

島は、島国日本の縮図である

こいけ こういち

1947(昭和 22) 年、東京都生まれ。70 年、東京大学経済学部卒業、日本銀行入行。米ペンシルヴァニア大学ウォートン大学院でＭＢＡを取得。2000年、日本銀行理事に就任。05年、株式会社宮崎銀行専務取締役就任、08 年、同取締役頭取就任。

株式会社宮崎銀行

1932 (昭和 7) 年に宮崎県、日向中央銀行、旧宮崎銀行他の共同出資により日向興業銀行として設立。 53年からは外国為替業務を開始。62 年に現社名に変更。「明日の夢 人から人へ」をテーマに宮崎県内の金融を支える。

金融政策を通して、公共のために、公益のために

――小池さんは東京のご出身と伺いました。子どもの頃はどんな男の子でしたか？

小池―― 世田谷生まれで、三人兄弟の長男。わりと真面目な子どもでしたね。父親は役人出身で、新日鉄、昔の八幡製鉄所に勤めており、北九州にずっと単身で勤務していました。

――子どもの頃はどんな夢をもっていらっしゃいましたか？

小池―― ロビンソン・クルーソーに憧れていました。夜、布団の中にビスケットなどお菓子を密かに持ち込んで、ロビンソン・クルーソーみたいに無人島に漂着して生き延びるという夢想をしていました（笑）。私の島好きの原点はここにあるのかもしれません。

――中学・高校は一貫校に通い、それから東大へ。

小池―― 中高六カ年教育の駒場高等学校という私立の男子校に通いました。厳しい学校でしたね。中学のときは陸上部と文芸部に入っていました。走るのが速かったので入った陸上部は、足を故障して一年で辞めました。文芸部では小説を書いたり、ハイネが好きで仲間と詩集を作ったりもしましたが、受験生になると同時に皆過去のものになってしまったかな。駒場高校は、教室の窓を開けると東大教育学部の時計台が見えて、先生はよく「あそこへ行け」と言っていました。私の家からは高校も大学も歩いて行ける距離で、子どもの頃は東大のキャンパスでチャンバラごっこをして遊んでいました。大学生活はそう楽しくはなかった。学園紛争の最盛期で、大学三年の頃はほとんど学校を封鎖されていて、その間は洋上大学で海外に行っていました。

――その頃から銀行家になろうというお考えがあったんですか？

小池―― 銀行家とは当初考えていませんでした。ただ男として生まれた以上は、公共のためにな

る政策に関わりたいと思っていました。銀行業というよりも金融政策に惹かれて、日本銀行に入りました。しかし、金融政策に携わるのはわずか一パーセントの人間。あとは銀行券とか国庫金の処理に関わる業務を担う。だから期待していたものとは大きく離れていた。ただその中でも、地方銀行を考査する部署に長くいまして、地方を含めて銀行の経営状況をチェックする機会に恵まれました。それが非常に面白く、いずれ地方銀行の経営をやってみたいと思いました。それが今に繋がっています。

――若い頃にアメリカに渡って大学でMBAを取得なさって、留学時代はいかがでしたか？

小池―― 結婚して二《ふた》月くらいの頃でしたので、アメリカでロングハネムーンをやったようなものでです。ただ私が行ったペンシルヴァニア大学ウォートン大学院は金融部門では世界で一番難しい大学院で、企業から派遣されているので落ちるわけにはいかない。そのプレッシャーは猛烈なものでした。英語のハンディがかなりきつく、何度も落第点を取りそうになって体調を壊しました。生涯であれほど勉強した二年間はありません。読まなきゃならないテキストのボリュームがすごい。アメリカ人でさえたいへんなほどで、速読の勉強をしてから入ってくる人もいっぱいいました。

――小林市出身の日銀総裁、森永貞一郎さんの秘書もなさったそうですね。

小池―― 大変勉強になりましたが、残念ながら総裁にお仕えしたのはまだ三十一、二歳のときなんです。あまりにも若すぎた。初歩的なことを除けば本当の意味でのものの考え方とか金融政策への臨み方などは勉強はできなかった。残念です。森永総裁は、とにかく立派な人でした。大蔵省出身で政治家を含め人脈も広く、大変な経験をしてこられた方でしたが、絶対に我々の前で偉ぶることはありませんでした。例えば知り合いの人の葬儀に行くでしょう。すると日銀の総裁が来たということで、係の人がパッと前の席を準備されるんです。私も事前に「総裁が今日行きますから席をよ

日銀総裁の森永貞一郎氏は小林市出身。
小池さんは秘書として仕えた
（写真提供／森永貞一郎顕彰会）

ろしく」と手配しています。そうすると後で怒られるわけです。「葬儀なんていうものは皆と一緒に並ぶものだ」と。一方で、奥様は元総理大臣のお嬢さんということで大変な恐妻家でした。僕が助手席で後部座席に総裁ご夫妻が乗っておられるときなど、総裁が奥様にめちゃくちゃ怒られているわけです。「そうか、世の中には日銀総裁を怒鳴りつける人がいるのか」と思って(笑)。本当に人間性の豊かな立派な方でした。

強烈な匂いがもたらした島の魅力との出会い

――島好きのお話が出ましたが、これまでにどのくらい日本中の島へ行かれましたか?

小池―― 島に行き始めて四十年くらいになります。サラリーマンの身で自由な時間が取れるわけではありませんし、島は非常に遠くて交通も不便ですので、まだ二百島には達していないと思います。

――そんなに行かれているんですか。何に魅かれてでしょうか?

小池―― 島の魅力は、一言でいえば島一島は小さいけれどもある種の独立国の趣を持っていることです。島は周りを全て海に囲まれて、遠隔の島の多くはそれぞれの自然環境や天然資源、歴史的な風土、方言、宗教や生活習慣などの面で他の土地とも隣の島とも異なる。それぞれが独自の世界を有しています。現代の日本人が既に失ってしまったいわば古い日本の心といったものが、まだ島人の風俗習慣や温かい人情の中に息づいています。島を訪れるときは独立国に入っていくワクワク感と同時に、自分が地球上におけるひとつの存在だということ

島を巡り始めて40年。
慶良間諸島(沖縄県)を訪れたとき

を実感できるんです。まず灯台を目指します。小さい島ですと小高い丘からでも三百六十度の展望が得られます。周りを全て海に囲まれて、地球上の一部を切り抜いた一角に自分の足で立っているという実感を持つことができる。町の中では、自分が地球のこの一点にいるという実感を持つことはあまりありませんよね。

――小池さんが島に興味を持たれたのは、何かきっかけがあったんですか？

小池―― 最初に島に行ったのは、社会人になった年の夏休み。東京の伊豆諸島にある新島に行きました。そこで強烈なものを二つ経験したのです。一つは「くさや」の干物。生まれて初めてあの強烈な香りを味わった。もう一つは芋焼酎。ひと昔かふた昔前の製法で造った、これまた香りの強い焼酎です。この強烈な体験が島に惹かれた原点かなと思います。同じ東京都の中に海を隔てて全く異質のものがあるということを知り、いろんな島へ行ってみたらそれぞれ違うものを発見、体験できるのではないかと感じました。

――島に行くのはたいへんだとおっしゃいましたね。

小池―― まずは辿り着くまでが大変ですし、うまく島に渡っても小さな離島には公共交通機関などはないので不便なことが多いです。ほとんどが急峻な山道で原則徒歩ですから、日常から足腰を鍛えておかないと島には行けない。食堂などはありませんし、万一に備えて必要以上の飲料や食料、サバイバル用の必需品を装備して行くことが必要です。宿のない島も多いんですが、さすがにこの年になって野宿はできませんので、そういう島は残念ながら諦める。危険な目に遭うこともあります。しかし危険だった体験を話すと家内も周囲も島に行かせてくれませんので、いつも楽しかったことだけを話して、危ないことは一切口を閉ざすというのが私のルールです。

――それでもやはり島は魅力的なんですよね。

小池――　私は南の島が好きなんですが、外海にぽつんと浮かんでいる離島にはまったく別世界の趣があります。澄み切った青空や珊瑚礁、コバルトブルーの海原、太陽、緑濃い樹木や原色の花、すべてが魅力的です。理屈抜きにしてやはり癒される。だからこそ苦労してでも出かけて行く。本土にはないある種のエキサイトメント、ロマンが得られる。それに尽きます。私は島嶼《とうしょ》学会の会員ですが、およそ学術的な研究はしていませんで、島へ渡っては酒とその島ならではの食を楽しんで帰ってくる。これが私の明日への気力・活力を生むもとになっていることは間違いありません。これからも足腰が立つうちは、時間を見つけて行くつもりです。人生の間に何島行けるかという数への挑戦も、課題の一つと思っています。遠い島に、どう時間を捻出して、どういう交通機関を使って行くか思案するのはパズルを解くようなものです。それを解いたときに、実際に行けるか行けないかは別として、明日の仕事にも張りが出てくるわけです。私にとって島を歩くことは心を洗い、身体を洗う、洗心・洗身に通じると思っています。非常に貴重なビタミン剤です。

島は、現代日本が抱える様々な問題の縮図

――日本には島ってどれくらいあるんですか？

小池――　国連の海洋法条約による島とは、周りが全部海で囲まれていて海面が一番高い満潮時にも海岸線が百メートル以上あること、さらに陸上軌道が敷かれていない、つまり鉄道が走っていないものを言います。これに基づく日本の島の数は、北方領土を含めて約六千八百五十になります。なかで人の住む島の数は、過疎化により減りつつありますが、最新の国勢調査によると約四百二十島あり、合わせて約百万の人が住んでいます。つまり日本全体の一パーセント弱が島に住んでいるのです。私は日本人の百人に一人が島に住んでいることを、非常に重く考えるべきだと思うんです。

――排他的経済水域という言葉がありますが、国土という面でも島は大きな意味をもっているということですか？

小池―― 日本が、一つひとつが独立国のような多くの島を持っていることの一番大きな意味は、多極分散型の豊かでかつ広い国土を形成する上で島が大きく貢献しているということ。わが国の陸地面積は三十七万平方キロで、これは世界の二百カ国の中で六十番前後だと思います。排他的経済水域とは、陸地から二百海里、すなわち三百七十キロまでの海域内の水産・鉱物資源を占有でき、あるいはそこに人造物を作ることも国際的に認められた基準です。日本には多くの島が外洋に点々と浮かんでいるおかげで、この基準では日本の経済水域は国土面積の十二倍くらいになる。これは世界でなんと六位になります。小笠原諸島を領有しているだけで、我が国の経済水域は二九パーセントも大きくなる。島は経済的な国益という点から見ても、非常に重要だということです。

――島というのは外からの入り口でもあるわけですよね。

小池―― 島は地理的に国土の外縁を形成しているわけですから国境になります。日本の国境はほとんど島です。だから国防上の観点から極めて重要であり、わが国の領土紛争はすべて島を巡ってなされています。五島列島や対馬などの西海の島は、東京よりも中国の方がはるかに近く、歴史的に見ても遣唐使や倭寇船が往来したり、キリシタンの追放や殉教の地になったり。大陸への玄関であると同時に国防の地にもならざるを得なかった。もちろん島は平和的な意味での国際交流の最前線としての役割も古くから果たしてきた。鉄は徳之島を経由して伝わっていますし、鉄砲やサツマイモは種子島に最初に伝来した。海外の文化が入ってくる最初の土地は、国境である島だったということです。

――島の中に日本のいろいろな問題が凝縮されているともおっしゃっていましたね。

小池―― 島には現在、非常に難しい問題が多々あります。最大の悩みは人口の減少、過疎化と高齢化の進展。仕事が少ない、医療機関が整備されていない、後継者や花嫁の確保が難しい、子どもは島外へ就学せざるを得ないなど難しい問題があります。程度の差はありますが、離島が共通に持っている三つの宿命的な生活条件がもたらしているものです。一つは海に囲まれているために交通整備に限界があること。二つ目は面積が小さいために経済活動の場や社会生活の場自体が狭いこと。三つ目は本土の経済や文化、いろいろな制度の中心から遠く離れているということ。島は国全体の社会的縮図で、国が抱える様々な問題がより先鋭的な形で現れます。

――町おこしと同じように、島おこしの努力はなされているんですよね。

小池―― 国も各種の振興策を図っていますが、なかなか解決の道筋を描くことができません。島おこしには二つの流れがあります。一つは一島一品的な地場産品を振興する方法。もう一つはスポーツや観光イベントに取り組むという動きです。沖縄の宮古島のトライアスロン大会、伊豆新島のサーフィン大会などがあります。しかし小型の島ではそれ自体が望めない。小さな島に対しては国の援助を中心にインフラが整備されてきましたが、それをメンテナンスしていく力がなく、放置されたままになっているケースもある。今後は、仕事の場の確保や、農水産品であればいかに付加価値を高くするか、情報発信をどうするかというソフト面の充実に力を入れて振興を図っていくことが鍵になると思います。

品性と強靭さを兼ね備えた銀行を目指して

――仕事の話に戻りますが、銀行家として大切にしていらっしゃる

職員とのコミュニケーションも
大切に。宮崎銀行本店営業部で

ことは何でしょう?

小池――宮崎銀行頭取の立場で申し上げると、私企業ですからもちろん収益を上げることが一番の目的ではありません。しかし銀行はお客様のお金をお預かりしているわけでして、社会の公器、あるいは公共インフラとしての性格を強く持っています。何か物事を判断する場合も、宮崎銀行のためが世の中の常識と乖離していればそれは公益に繋がりません。従って、宮崎銀行の常識が世間の非常識にならないようにすることに常に重きを置いています。これは職員にも厳しく言っています。

――日銀での生活を終え、宮崎銀行にいらっしゃるときはどんなお気持ちでしたか?

小池――僕は基本的に、人生は二期作ではなくて二毛作だと考えています。米を作った後にまた米を作るのは二期作。米を作った後に今度は麦を作る二毛作となると、人生二回生きられます。広い意味では同じ金融業かもしれないけれども、民間の金融機関という全く違う世界に来た。日本銀行は金融政策を厳格にやっていけばいい。しかし民間の場合は、水面下で一生懸命水かきをしなければ発展もできないし収益も上げられない。同じ金融界ではあるけれども、全く違う世界という意味で二毛作の人生を歩ませてもらっています。私は宮崎ではよそ者ですから、よく地元の方や行内も含めて受け入れていただいているなと感謝しています。宮崎銀行に、少し中央の香りを持ち込むのが私の使命だと思ってこれまでやってきました。

――頭取として宮銀を率いていく中でのポリシーはありますか?

小池――「品性と強靭さを兼ね備えた銀行であり、銀行員であれ」と最初から言い続けてきました。品性とは、徹底したコンプライアンスの精神で厳格な業務処理をするという意味です。一方で、シェアアップのために貪欲に営業推進で突っ走ることも大事。四月からの経営計画で「チャレンジナンバーワン」というのを掲げています。これは成長のスピードで、九州でトップワンになるということです。既にこの二年間、預金も貸し出しも、伸びは九州地銀ではうちがトップを続けている。私が来た頃は何となく支店長たちが戦うことを避けるような雰囲気がありました。今は勝つことを覚えたので、非常に逞しくなってくれた。野球ではよく勝利の方程式とか言うじゃないですか。あれと同じようなものが自然と身についてくるわけです。前年度は全国トップの貸し出し伸び率でした。こういう小さな銀行でも頑張れば全国トップになれるのだという自信を、行員が肌で身につけてきた。六年半頭取をやってきて良かったなと思っています。

――何か、お好きな言葉はありますか？

小池―― 若い新入行員に研修をするときや、新入行員の誕生日にサインをして本を贈ることにしているんですが、それにいつも書いているのは二宮尊徳の言葉で、足らざるところは努力を持ってということで「以動補拙」という言葉です。要するに、コンプレックスを持っていない人間はいない、口には出さずとも人と比べて皆弱みを持っているわけです。一人ひとりの弱みは、他人は誰も補ってくれないですし、自分で努力するしかない。それを二宮尊徳が「以動補拙」といったわけです。動くを以て足らざるところを補うという意味です。足りないところは一生努力をせいと言っている。そのことを僕は若い人には必ず伝えるようにしています。

（二〇一〇年八月十五日放送。二〇一四年十一月十三日追加取材）

「以動補拙」足りない部分は一生
努力をしようと若い人に伝えたい

その後…

二〇一二年、宮崎銀行は八十周年を迎えた。一三年四月には地元の女子陸上選手の受け皿をと宮崎銀行女子陸上部を創部。自ら、陸上部長を務める。レースでチーム宮銀の女子選手がたすきをつなぐ姿は銀行内の一体感を盛り上げる力ともなっている。

新森 雄吾　JA宮崎経済連 代表理事会長

力の限り誠を尽くす
宮崎を日本一の農業県に

しんもり ゆうご

1951（昭和26）年、都城市生まれ。72年、都城工業高等専門学校卒業、豊田合成株式会社入社。75年、JA都城入社。同参事を経て2005年7月、JA都城代表理事組合長に就任。14年6月、JA宮崎経済連会長に就任。

ＪＡ宮崎経済連

組合員農家の経済的・社会的地位向上を目的に、組合員が生産する農畜産物の販売や、生産に欠かせない生産資材、生活に必要な諸資材の購買のための事業に取り組む。物販やレストランなど多岐にわたる事業を展開する。

挑戦のチャンス。まず現場を見極めて

――会長就任から丸二カ月経ったところですが、振り返ってみていかがですか？

新森――ＪＡ都城の組合長を九年間していましたので、会長候補にという話があったときには、また新しいものに挑戦するチャンスかなと思いました。自分としてはこれまでも、与えられた仕事に対して全力を尽くしたいという思いでやってきました。経済連会長という職でも、思い切ってチャレンジさせていただきたいなと考えております。

――県全体ということになって、見える風景が違ってきたのではないですか？

新森――やはりいろんな作物もあって、いろんな思いを持って農業者が農業に取り組んでおられますので、一日でも早く現場を見極めたい、わかりたい。まず現場がわからないと全体的な構想は出てこないと思いますし、実態をわかって、新しい取り組みをしていきたいと考えております。

――職員さんたちを前にしての最初のあいさつではどんなことを話されたんですか？

新森――緊張していてあまりよく覚えていないところもありますが、これからの難しい時代を経済連として乗り切るためには、一人ひとりの職員にやる気を持って仕事をしていただきたい。そして、責任ある仕事をして、自分の人間性を磨いてほしいということを話しました。いわゆるボトムアップで仕事をしていきたいという思いを伝えました。やはりそれぞれが自分の思いを持って仕事をしなければ、難しい局面、壁を乗り越えることはできないと考えております。

――ＪＡ宮崎経済連は、どういう組織になっているんですか？

新森――各地域に単位農協というのがあります。ＪＡ都城もその一つですが、県下には十三の単位農協があって、より力を発揮するために県連として組織したのが宮崎経済連です。各単位農協は

いろんな事業をしておりますが、経済連は販売と購買の事業を展開しています。農産物の販売と肥料や農薬、餌などの農業生産資材、あるいは生活資材の購買です。食料品等も取り扱っています。

――単位農協は農家が組合員、JA宮崎経済連は各農協が出資しているのですか？

新森――そうです。十三JAの出資で成り立っています。販売・流通・購買部門を担う経済連以外にも、貯金や貸付など信用事業を行う信連や、一般で言えば保険にあたる共済事業を行う共済連があります。また、農協の経営指導等を行う中央会というのもあります。

――今、宮崎の農業ではどういうところが一番大変ですか？

新森――農業従事者の高齢化が非常に大きな問題だと捉えています。六十五歳以上が五五パーセントと大きなシェアを占めています。あと十年もすれば七十五歳、八十歳になって、農業をするのは難しい状態になります。今の農業生産基盤の維持を、今後どう図っていくかということが大きな課題です。やはり後継者のいない農家が多い。いわゆる3K、きつい、汚い、危険というイメージがあるみたいで、農業をやってみようという若者が少ないというのが現状です。

――一方で今、いろんな農産加工品ができていますよね？

新森――県でもフードビジネスの推進に力を入れています。特に宮崎県の場合は、食品製造業が非常に少ないというのが課題の一つです。できるだけ地元で加工して流通させる仕組みを作っていくことが、農家の所得向上に繋がると考えております。ものによっては、農家が売る値段が消費者に届くときには七倍になるとも言われております。

職員とも気さくに話す新森さん。
JAビルにあるJA宮崎経済連にて

弱い自分を克服するため、北海道までヒッチハイク一人旅

――新森さんは都城の農家のお生まれですね。どんな子ども時代でしたか？

新森――　うちは米作りが主体の農家で、子牛の生産も少しやっておりました。六人きょうだいなんですが、男は私一人、あとは女五人です。男一人のため大事に育てられたこともあると思いますが、大人しくて、非常に弱虫な子どもでした。小さい頃はよく病気もして、お袋から濡れタオルを額に当てられたことをよく覚えています。親父は別に農業は継がなくていいと言っておりまして、手伝いはよくしたほうだと思いますが、小さい頃は農業を仕事にする気はありませんでした。

――それで農業高校ではなく、都城高専に進まれるんですね。

新森――　工業化学科という学科で、化学的な分析などを勉強しました。幼い頃からの弱虫な自分をどうしても変えたいと思い、高専ではラグビーを始めました。実際に自分の性格を変えることはなかなかできませんでしたが、負けん気を持って試合には臨むようにしました。ラグビーに出会って、心に残るいい時間を過ごすことができました。高専の最終学年、二十歳の時には一念発起して、北海道まで一人でヒッチハイク旅行に挑みました。この旅はいろいろ勉強になりました。当時はある程度止まってくれる人がいて、特に長距離運転手さんが、眠気覚ましと言いますか話し相手として乗せてくれました。運よく、東京郊外で乗せてもらった車が北海道の札幌、稚内へ行く車だったり、一方で車がなかなか止まらず、一、二時間ぐらい手を挙げながらゆっくり歩いたこともありました。

――トラックの運転手さん、結構いいおじさんが多かったりして……。

新森――　優しかったです。旭川で野宿したときは正直怖くて、素泊まりの宿に泊ま

北海道ヒッチハイク旅行をした20歳の頃。摩周湖にて

ろうかとも思ったんですけど、お金が少なくて諦めました。水銀灯が灯っている中、野宿した小学校の校庭は、今でも覚えています。食堂に入って、最初カレーだけ食べたんですが、そこのマスターが旅好きで話が弾んで、「うちに泊まっていけ」と言われてジンギスカン料理を食べさせてもらったり、酒まで飲ませてもらったり。そういう思い出もあります。

――工業系の勉強をなさって、そちらのほうに進まれるんですか？

新森――就職は名古屋のトヨタの関連会社で、豊田合成という会社に進みました。プラスチック製品を作っている会社です。トヨタという会社は厳しい会社で、それを目の当たりにすることができて、私としては非常に貴重な経験をさせてもらったと思っています。ある製品の担当になったとき、私は開発部門にいたものですからトヨタの本社に試作品を持って行ったんです。試作段階ですからいろんな不具合はあるんですが、それにしても不具合が多くて、本社の担当者から「帰れ」と一喝され、話も聞いてもらえなかったことがありました。金型を作って、それに熱で溶かしたプラスチックを流し込んで作るんですが、最初は熱がありますから、それが冷えたときの膨張率を計算して作らなきゃならないんです。ただ、その部品の形によって膨張率が違うものですから、いろいろ試作しないと設計通りの寸法にできあがらない。非常に難しい面はありました。

人に頼るということを覚えて、乗り切った新人時代

――宮崎に帰られたのはいつですか？

新森――二年半くらいして、やはり故郷への思いと言いますか、自分の性格からしてやっぱり故郷で頑張ったほうがいいのかなという思いで帰って来ました。当時、第一次石油ショックの後で、地元ではほとんど仕事がなく、約一年間ほど就職浪人をしました。その時はさすがに何故帰って来たんだ

ろうと思いました。これではいけないと思い、知り合いのJA都城の幹部の方にJAで仕事がしたいとお願いして、しばらく待っておりました。そしたらガソリンスタンドの臨時の仕事の紹介がありました。積極性のない性格でしたので、最初は「いらっしゃいませ」という声を出すのに苦労しまして、一週間ぐらいだったでしょうか、悩んだことを懐かしく思います。サービス業ですので、明るく、いかに声を出して接客するかというのが非常に重要なんです。その後、一年半ぐらい経って、宮崎市内にあった農協の幹部職員を育成する農協講習所に行って、一年間勉強させていただきました。農協講習所は、昔は県立の学校でしたけど、今は中央会の農協組織の学校になっています。人数は当時五十名だったのが今は二十名ぐらいと少なくなっていますが、続いております。ここは農協に関する知識の習得が一番の目的ですから、農業協同組合の農協法などを中心に学びました。加えて一般的な民法や経済学など、幅広く勉強させてもらいました。

――将来管理職になる方たちを養成するわけですね。それでめでたく正職員になるんですか?

新森――一年学んで三月末に卒業して、四月に正職員にしていただきました。最初はJA都城志和池支所の農産課に、米の営農指導員として配属されました。学校を出たばかりで意気揚々として行きました。全く経験したことのない分野でしたので、本をいっぱい買って勉強して自信満々で。しかし、五月頃になって米の苗作りが始まり、その苗を事務所に持って来られた組合員の方から「この病気は何だろう?」と言われたときは、全然答えられませんでした。非常に悩んで、そういう日々が続いて対人恐怖症と言いますか、人と話をすることが怖くなってきました。

――現場では知識だけでは何ともならない。そこからどうやって抜けだしたんですか?

新森――一つは、ロンドンにいた友人に手紙で悩みを書きました。すると彼が「そんなに自分をいじめる必要はないから、たまには自分をかわいがれ。頑張らないといけないぞ」という手紙をくれました。もう一つは、今までは全部自分で答えなきゃならない、一人でやらなきゃならないと思ってやっていたんですが、周りにはいろんな人がいるんですね。普及センターの先輩方などに聞いて、その答えを農家の方に返せばいいんだとわかりました。人に頼るということを覚えて、何とか苦しい時代を乗り切ることができたんです。

システムづくりで「まとめる」ことの大切さを学ぶ

——対人恐怖症のようになりつつもそこを脱して、その後はどうされたんですか？

新森——営農指導員を二年間務めまして、三年目に本所に行きました。これから農協としていろんな新規事業に取り組まなきゃならないということで開発室ができて、そこのメンバーの一人として行ったんです。ただ、ほとんど仕事がなくて一日一日長い日々を過ごしておりました。三カ月ほど経った頃、農産資材課の肥料・農薬担当の職員が病気になって、その補充ということで行きました。農薬や肥料等についてはある程度知識を得ていましたので、こちらの仕事はやり甲斐がありました。

——その後、わりと早く次の課に行かれるんですね。

新森——二年ぐらいして電算課に行きました。事務処理を電算化しようということでＪＡ都城では昭和五十五年に電算課ができ、その二年後に自分も手を挙げて電算課に行かせていただきました。ＪＡ都城の方針として、パッケージソフトは使わない、自分たちでシステムは作るということでしたので、素人でしたが、ある程度現場を知っている若手の職員を集めて総合オンラインシステムの構築に努力しました。着手してから稼働まで約三年、業務の現状分析から概要設計、プログラム作成と、いろんな仕事をやらせていただきました。徹夜もしました。冬の寒いときはコンピューターの

昭和61年、JA都城の慰安旅行。電算課の同僚と

横で段ボールを敷いて寝ました。コンピューターに熱があるので、温かくよく眠れました。

――いろんなセクションの人たちの意見を取り入れながら、それをシステムの中に取り込んでいくというのは、ご苦労なさったんでしょうね。

新森――一つにまとめていかなきゃなりませんので、正直なところ、いろんな意見を取り入れられない部分もあります。それに対する「すまない」という気持ちを持ちながら作らせていただきました。独自の総合オンラインシステムができたときはとてもうれしかったんですが、昭和六十年の四月に本番稼働してみるといろいろ問題も出てきて、問題の解決に飛び回っておりましたね。システムが完成しても、最終的には現場の人にうまく使ってもらわなきゃなりません。その配慮は非常に大事です。

――電算課のあと、またまた大変なご苦労をされたということですね。

新森――電算課に十四年いて、その後、生産資材課長、管理課長となるんですが、平成九年十一月にたいへんなことが起きました。有価証券の運用として、三洋証券という準大手の証券会社に八十三億という国債を貸付けていたんですが、三洋証券が倒産をしてしまったんです。八十三億というのは桁が違いますので、JA都城を存続できるのかと思いました。その大変なときに、貯金・為替課の課長になるんです。貯金・為替課は農協のお金を全部管理しておりますし、その事件が起こった当の部署でしたので、非常に大変でした。いろんなお叱りの電話もいただき、女子職員が応対に追われて、彼女たちに責任はないんですがずっと怒られっぱなしで、大変な思いをして仕事をしておりました。

――だからこそ新森さんが抜擢されたんだと思いますが、まず何からしようと思いましたか？

新森――まずは苦労している女子職員、特に窓口の職員に落ち着いて仕事をしてもらうように配慮しました。貯金の取り付け騒ぎが起こるのではないかという心配もして、そうならないように資金も準備しておりました。そのときはもう必死でしたね。何とかここを乗り切りたい、ただ一日一日を頑張るしかないなと思って仕事をさせていただきました。一年後でしたか、八十三億のうち二十四億が当時の証券保険機構の機関から返ってきまして、実質的に五十九億の損失ということになりました。

環境に恵まれた宮崎を、日本一の農業県に

――大変な時期を乗り切り、平成十年の六月には参事に。管理職のトップですよね。

新森―― 農協組織の職員ではトップということですが、四十六歳のとき参事に任命されました。大きな農協では最も若かったかなという気がします。支所長や部長がみんな年上で、最初はどうやってまとめていこうかと悩みました。しかしみんな危機意識を持ち、まとまらなきゃならないという考えが管理職にはありましたので、そういう意味ではやりやすい面もありました。また自分としては与えられた仕事を全力を尽くしてやって、いろいろな議論も深めながら前に進むしかないと思っておりましたので、年上の方にも遠慮なくいろんな意見を言わせていただいて頑張ってきたつもりです。

――その後、常務そして組合長になられるわけですね。

新森―― 組合員の方々が理事で、その理事の代表が当時は、組合長になるという流れでした。ですから私のように職員からなるケースは当時としては異例ですが、職員にとっては頑張ればトップになれるという思いを持つことができたのかなと思っています。自分としては、いつも能力以上の役職をよく引き受けてきたなと思っております。身の丈以上のことをしてきたなと。結果は考えず一生懸命やって、結果については周りの人が判断してくれると思って、ただひたすら仕事に頑張ってきただけです。私はどちらかと言えば楽観

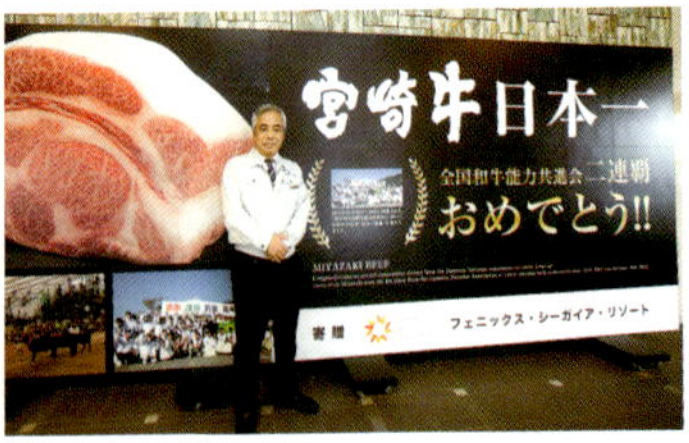

日本一２連覇を果たした宮崎牛は、次なる挑戦に向けて動き出している

JA宮崎経済連茶工場にて、加工の様子を見守る

主義者です。いい結果を出そうという気持ちではなく、ただ一生懸命やればいいんだという思いを持って仕事には取り組んできました。

――就任なさって二カ月ちょっと、これからどう舵取りをしていきたいと思いますか？

新森―― 宮崎県は農業が主幹産業です。農業がどのようになっていくかによって、宮崎の経済は大きく変わってくるという責任を感じております。今、農業者が高齢化し、担い手が少なくなって、だんだん農業の基盤が弱体化して小さくなってきています。何とかこれを拡大したいと思っております し、最低でも維持していかなきゃならないと考えております。宮崎は、自然にも、太陽にも、気象条件にも恵まれておりますので、農業をやるには非常に有利な土地です。産出額は約三千億前後と全国で五番目ですので、日本でも有数の食糧生産基地であることは間違いない。できれば宮崎を日本一の農業県にしたいですね。

――「力の限り誠を尽くす」というのがお好きな言葉とうかがいましたが……。

新森―― 先程も言ったように、私は自分の身の丈以上の仕事をずっとやってきたと思っております。能力もあまりないのに何とかやってこられたのは、そのときそのときに誠を尽くしてきたから、今の自分がある。これからも変わらず、全力で仕事に取り組んでいきたいと考えております。

（二〇一四年九月七日放送）

JA宮崎経済連茶工場には本格的な茶室があり、県民に開放されている

その後…

二〇一四年九月、東京・福岡に続き宮崎牛専門店を大阪心斎橋にオープン。またJAフーズみやざきの大規模な冷凍・カット野菜の加工工場により野菜加工が一年中可能となった。二〇一七年に宮城県で開催される全国和牛能力共進会で前回に続き全国制覇を目指す取り組みもすでに始まっている。

菅沼 龍夫 国立大学法人 宮崎大学 学長

力一杯、今を生きる
── 謙虚に、柔軟に、とことん

すがぬま たつお
1948(昭和23)年、長野県飯田市生まれ。78年、信州大学大学院医学研究科博士課程修了。鹿児島大学医学部助教授、米ペンシルバニア大学医学部研究員を経て、89年、宮崎医科大学解剖学講座教授、2009年10月、宮崎大学学長就任。

国立大学法人 宮崎大学
1949年設置の旧宮崎大学と74年設置の宮崎医科大学が統合し、2003年10月に誕生。木花キャンパスには教育文化学部、農学部、工学部が、清武キャンパスには医学部がある。「世界を視野に、地域から始めよう」がスローガン。

変わりゆく大学、他にはない強みを打ち出す改革を

——学長に就任なさって五年。今、大学がいろいろ変わってきているんですね。

菅沼——宮崎大学も国の方針に従って、平成十五年十月に旧宮崎大学と宮崎医科大学を統合しました。その半年後には国立大学のすべてが法人化されて、ちょうど十年経ちました。特色ある大学として宮崎大学の強みをいかに強調できるか、大学をあげて改革に取り組んできた十年でした。改革の一つとして、宮崎の基盤産業は農業で日本の食糧基地という位置づけもありますので、農学と工学が融合した農学工学総合研究科博士後期課程を平成十九年に立ち上げました。また宮崎県は畜産県ですので、医学と獣医学が連携して、新しい大学院の博士課程、医学獣医学総合研究科を立ち上げた。いずれも全国で初めてです。

——宮崎は口蹄疫という大変な出来事がありましたが、力を発揮してもらえそうですね。

菅沼——口蹄疫のときにはまだ大学院ができたばかりでしたが、獣医学科あるいは畜産の先生方が前面に立って口蹄疫の撲滅に頑張ってくれました。あの教訓を踏まえて、私どもは産業動物防疫リサーチセンターを立ち上げ、越境性感染症（口蹄疫や鳥インフルエンザ）が起こらないような仕組み、予防対策を常に取れるよう大学から発信していこうとしています。あるいは畜産関係の方々の防疫に関する講習、世界の研究者や行政の関係者と連携協力し、口蹄疫や鳥インフルエンザの発生を抑えていくための国際ネットワーク作りも進めているところです。

——最近は東九州メディカルバレー構想という言葉を聞きます。

菅沼——幸いなことに私ども宮崎県とお隣の大分県には、医療機器関係の企業が頑張っておられます。宮崎県では、透析あるいはカテーテル関係の企業がまさに世界的なレベルです。そういった地域

の特徴をさらに発展させようということで、宮崎大学、九州保健福祉大学、大分大学、立命館アジア太平洋大学などの大学と行政、産業界とが連携しながら、医療産業におけるイノベーションを目指そうとしています。例えば透析関係の装置の改良では、実際に使っているドクターたちが提言をし、それを技術者の方々が受け止めて新たな開発をするとか、また産業動物教育研究センターを使って新たなカテーテルの開発をするなど、医獣医連携、医工連携に関係した先生方が企業と連携しながら開発に取り組んでいけるのではと期待しているところです。

「世界を視野に地域から始めよう」

――学部の勉強も随分変わってきたと伺いました。

菅沼―― 四年間の学士課程の教育カリキュラムを抜本的に見直しました。自ら課題を見つけて独り立ちし、グローバル化に対応できる力をつける教育が、一年生からできるようなカリキュラムを作り上げたところです。アクティブラーニング、行動的・能動的に勉強しようということです。先生が黒板の前に立って一方的に学生に話をし、それをノートに取るという昔ながらの講義スタイルではなくて、お互いにディスカッションしながら、いかにして問題を解決するかというトレーニングを学生時代にしっかり積み上げるのです。私自身も含めて、これまで日本人は議論をするのが不得意でしたが、これからは世界の人と対等に議論のできる若者を育てなければいけない時代です。また昨年、知の拠点事業（COC事業）という文部科学省のプロジェクトに採択されまして、「食と健康」をキーワードにした一貫教育という新しいカリキュラムに取り組み始めております。

――グローバル化ということでは、語学教育にも力を入れていらっしゃるそうですね。

菅沼―― 語学教育センターを立ち上げ、専任教員も順次増員を図りながら、英語を中心にヨーロッ

パ言語、近隣のアジアの言語に対応できるような実践的な語学教育を展開しています。かつ日本の若者が積極的に海外に出て行ける機会もできるだけ大学で用意しながら進めていて、今はフィリピンの語学学校に数十人の学生さんを送り込んで、三、四週間、缶詰状態で英語のトレーニングをしております。ここではマンツーマン指導で非常に密度の高い教育をしていただいていて、帰ってくると一皮も二皮もむけた学生さんに接することができて大変嬉しく思います。そういった過程を経て次のステップへ進んでいただければと思っています。

――「世界を視野に地域から始めよう」が宮崎大学のキャッチフレーズ。東南アジアといろんな交流もなさっているんですね。

菅沼―― 今、世界の流れというのは大きく変わってきております。世界経済はこれまで欧米中心でしたが、中国・インドが台頭してきて、恐らくアジアを中心にした経済の動きが出てくると思います。そういう中でアジアの国々と交流を深めていくことは非常に重要ですし、アジアの若者たちの我が国に対する期待も非常に大きくて、何度も訪問していますがヒシヒシと感じているところです。日本は第二次世界大戦に敗れ、廃墟の中から経済的に復興し、ついこの間までは世界で第二位、現在は第三位の経済大国になったわけです。技術的にも非常に高いレベルを持っていますし、成熟した社会を構築してきています。そういったことについて、海外の、特にアジアのいわゆるインテリの方々は高い期待感を

2014年、創立330記念交流会館が完成

持っておられて、日本で学びたいという意欲が強いですね。そういう方々と、文化の違いをお互いに認め合いながらいいものを伸ばしていくというのは、二十二世紀に繋がる新しい社会を作っていくためには必要なことだと思っています。

町医者の家に生まれ、大学で恩師との出会い

――菅沼さんはどちらのご出身で、どんなふうに育たれたんですか？

菅沼――私は長野県飯田市の出身で、宮崎に比べれば非常に寒いんですが、信州の中では比較的暖かいところで育ちました。父は開業医、いわゆる町医者でした。私が小学生の頃は、看護師さんや薬剤師さんはおりませんでしたので、無資格ですが母が父の指揮の下に、看護師兼薬剤師の役目を担っていて、それを私も傍で見ていました。父は往診にも行っていましたので、よくかばん持ちでくっついて行った記憶があります。中には医療費が払えず、毎月少しずつ払ってくださる患者さんもありました。小学生から中学生の頃までは、私が自転車でそういうご家庭に集金に行った経験もあります。きゅうりやお芋、お米を戴いたりもしましたね。とはいえ小学校までは本当に遊びまくっていて、暗くなるまで家に帰ってこないような子どもでした。

――中学から高校の頃はいかがでしたか。

菅沼――中学から高校の頃はよく本を読んでいました。今日のテーマである「力一杯、今を生きる」というのは作家・椋鳩十《むくはとじゅう》の言葉で、直筆のこの言葉が学長室に飾ってあります。彼は私の母校・飯田高校の大先輩なんです。宮崎へ来る前には鹿児島大学に赴任しておりまして、当時、椋先生はまだご存命で鹿児島でご活躍されておりましたので、私の子どもたちには椋先生の童話をよく読ませました。

――お父様を見ていらして、医者になろうと思っていらっしゃったんですか？

菅沼――いや、子どもの頃はそう強い思いはありませんでした。高校は理科系で、医者もいいけど研究者もいいかなと悩みました。猿の生態学について書かれた『ゴリラとピグミーの森』という本を熟読したことを覚えています。しかし結局、いよいよ大学の願書を出す時期になってやっぱり医学部を選択し、信州大学医学部へ進みました。

――大学時代はいかがでしたか。

菅沼――大学時代は非常に面白かったですね。全国から個性あふれる同級生が集まっていましたので。また、生涯の師となる那須毅先生とも出会いました。二年生のときに一般教養のドイツ語の授業を習ったのが最初です。ドイツ語のテキストを使って医学史の授業をされていて、その後、専門課程で病理学を教えていただきました。いろんな学問の中でも病理学が面白いと感じたのは先生の影響が大きかったと思います。教授たる品格を持っていて、訴えるもの、アピールするもの、響くものがありました。もともと臨床へ行くなら内科と決めていましたが、進路相談に行きましたら大学院は那須先生のところで勉強するということになりました。

病理学から解剖学への研究者の道

――病理学のどういったところが面白いのですか？

菅沼――病理学は非常に奥が深い学問です。病気で亡くなった方を病理解剖して調べて、最終的な診断をつける。臨床診断が正しかったかどうか、治療の効果がどれくらいあったのか、総合的に判断する学問です。さらには、例えば胃の粘膜を採ってガンの有無を判断するなど、臨床診断を行うための

恩師の影響もあり、病理学の道へ

生検を行って病理診断を下す重要な仕事でしたので、非常にやりがいのある学問であることは間違いありません。今まで知られていなかった病気を一つの疾患として確立することもあります。

――恩師の那須毅先生は、新たな病気を見つけられた方なんですよね。

菅沼――日本では先生の名を冠して那須病と呼んでいて、国際的には那須―ハコーラ病として知られています。ハコーラというのはフィンランドの医学研究者です。那須病というのは未だに解明されていない部分もあるんですが、大腿骨や上腕骨、指の骨などの中の脂肪髄が変化を起こしてしまう病気です。普通、脂肪細胞というのは丸くて均一に並んでいるんですが、それが太さも厚さも全然違う唐草模様状の構造ができてしまって、そのために骨が弱くなり病的骨折が起こるんです。だいたい二十歳から三十歳くらいで発症し、同時に神経系が冒されて、いわゆる認知症のような症状が出て社会生活ができなくなってしまう。最後は寝たきりになって、長い経過を経て亡くなられるケースが多い病気です。私も大学院生のときに那須先生の研究に参加したんですが、病変を実験的に作れないかと言われまして、動物を使って脂肪組織が変化し、患者さんのような病態ができないかとさまざまな実験を行いました。三年間は全くデータが出ませんでしたが、四年目にしてようやくデータが出まして、何とか学位論文をまとめることができました。

――研究者の方ってすごいですよね。何年も一つの目的に向かって研究し続ける。

菅沼――そうですね。いろんなことをやりましたが、最初は失敗ばかりで。しかしデータが出なくても那須先生は気長にじっと待ってくださって、ようやく同じような病変が動物の体の中で作れるようになったときには非常に喜んでくださいました。電子顕微鏡を使って決定的な写真を捉えたんです

昭和53年、熊本での病理学会にて。
中央が那須先生、右隣が菅沼さん

が、そのときはもう午前様でした。

――その時の経験が研究者としてのベースになっていらっしゃる？

菅沼――大学院で非常に大きな課題を与えられて苦労はしましたが、研究の面白さや醍醐味を身につけられたのは大きかったと思います。それで臨床医になる気持ちがなくなってしまって、そのまま病理学研究室で助手になりました。その後、鹿児島大学に移って解剖学の研究もしました。解剖学というのは、病気の状態ではなく正常な状態を研究する学問です。研究と同時に、学生に対して人間の体の正常な構造がどうなっているかを教えます。病気なのか正常なのかで対象が違ってきますが、顕微鏡を使うという点ではどちらも同じです。私は病理学教室にいた頃から消化管の仕事もしておりましたので、解剖学の中でも消化管、特に胃の粘液の組織化学の仕事を、鹿児島大学さらに宮崎医科大学、宮崎大学ですることができました。

――胃の粘液の組織化学といいますと？

菅沼――胃の中はPHが2ぐらいで、胃酸によって食物がバラバラに分解されます。さらにそこに酸性の領域で働く消化酵素が胃の細胞から出てきて、食物がかなりの程度消化されて腸に送られる。しかしそのときに間違えると、自分の粘膜や体自体も酸によって溶けてしまったり、消化酵素にやられてしまいます。ですので私たちの胃は、粘液によって守られているんです。粘液は非常に規則的な層状構造になっていて、少なくとも三種類の粘液が互い違いに重なりながら保護をしています。それがどんな構造になっているかを、瞬間的に凍らせて電子顕微鏡で調べるという仕事もいたしました。

――瞬間凍結しないと構造を調べるのは難しいんですか？

菅沼――粘液には流動性がありますから、化学薬品を使って固定標本を作りますと、固定されるまでに時間的な経過があってなかなかその場の状態をきちんと捉えるのは難しいんです。しかし瞬時に凍結できれば、ほぼ生体に近い姿を観察することができます。化学固定よりも凍結をしたほうがよいとは前々から言われていましたが、凍結する技術が非常に難しかったんです。細胞の中は水で満たされていますから、氷ができてしまうと膨張し、細胞が壊れてしまう。なので氷の結晶ができないように凍結する技術が要求されるんです。

「愚直に」「謙虚に」「柔軟に」「とことん」

――研究者としての面白みとご苦労があったと思うんですが、研究者を目指す学生さんには何を伝えていきたいと思っていらっしゃいますか？

菅沼―― 面白いと思ったら、とことんやってみる。そういう心構えと言いますか、意気込みが必要だと思います。すぐに結果が出なくても、仮説を立て、考えて、本当に立証できるかどうか粘り強く頑張る。その過程は、たとえ失敗しても次に繋がっていくと思います。研究者として大切なのは、常に検証する姿勢です。本当に正しいのか、これで良いのかと問い続ける姿勢が必要。別の言葉で言うと、謙虚さだと思います。那須先生は常に「愚直であれ」とおっしゃっていました。いつも「これでよいのか」と自分自身に問いかけなければいけない、それをおろそかにしてしまうといろんな問題に繋がってしまう。思わぬ落とし穴に落ち込んでしまう。研究者にはそういう危険があると思います。

――原理原則を大切にということもよくおっしゃるそうですね。

菅沼―― 基本的な学問原理をきちんとふまえたうえで、柔軟さを持ちつつ、もしかするとこういうこともあるかもしれないということを証明していくことが必要です。研究者というのは、自分の仮説に合ったデータが出ると、どうしても都合のいい方向に解釈してしまう。それは一番気をつけなければいけないことです。椋鳩十先生の「力一杯今を生きる」という言葉は、本当に一生懸命、没頭しなさいということです。同じような言葉で、ベンゼン環を発見したオーグスト・ケクレの言葉があります。「夢を見るようになりなさい。夢を見るくらい一生懸命勉強しなさい。そうすれば、新しい真理を発見できるでしょう。だけど、その真理を発見したからといって、それを検証する前に発表してはいけません。しっかりとした検証が必要ですよ」。百年以上前に、彼が最終講義で学生たちに話した言葉です。那須先生が私たちによく話してくれたことです。

――大学を卒業して社会人になっていく方たちには、どうあってほしいと思っていますか?

菅沼――　やはり大学生は、ある意味ではエリート。だいたい百万人のうち五〇パーセント、五十万人くらいが大学へ進学します。そのうち国立大学に進学できるのは二五パーセント、十万人ちょっと。ですから恵まれた環境で勉強できる国立大学で学んでいる以上は、社会の方々、特に自分より恵まれない人々、悩んでいる人、苦しんでいる人たちが幸せになれるような社会へ向けて、自分の能力を発揮してもらいたいと思います。そのためには、何事に対してもチャレンジする。そして、諦めないで粘り強く取り組んでもらいたい。間違ったら直せばいいわけで、そういう柔軟性を持ち合わせながら進んでいただければと思います。いろんな勉強をして、広い視野を持っていろんなことに挑戦してもらえれば、自ずと道が切り開けると思います。

（二〇十四年十月五日放送）

キャンパスにて。個性ある大学づくりを目指す

その後…

二〇一四年には教育文化学部が開設一三〇周年、農学部が九〇周年、工学部が七〇周年、医学部が四〇周年を迎え、全ての年数を足した３３０記念事業を展開。木造ホール３３０記念交流会館も完成した。「地域資源創成学部」の二〇一六年四月開設を目指し、現在、準備をすすめている。

空から笑顔の種をまこう 宮崎からアジアへ

髙橋 洋
スカイネットアジア航空株式会社 代表取締役社長

たかはし ひろし

1954(昭和29)年、岐阜県郡上市生まれ。東京大学法学部卒業後、日本開発銀行(現日本政策投資銀行)入行。2008年日本政策投資銀行取締役常務執行役員。2011年6月スカイネットアジア航空株式会社代表取締役社長に就任。

スカイネットアジア航空株式会社

1997年創立。格安料金、ゆったりした座席で東京ー宮崎線に新規就航。順次路線を増やし現在は8路線に就航。2011年7月より新ブランド「ソラシドエア」を展開。

本社は宮崎。九州のエアライン、再生へ

―― 私もソラシドエアを利用させてもらっていますが、今、何往復あるんですか？

髙橋―― 東京―宮崎は一日七往復、ほかに九州の四都市と羽田を結んでおりまして、全部で一日二十五往復です。ここ二年は口蹄疫や新燃岳噴火の影響で伸び悩んでおりましたが、ようやく前の水準に戻りました。これから順調に伸びていけばありがたいです。

―― 今、飛行機は何機あって、社員さんは何人いらっしゃるんですか。

髙橋―― 実際に飛んでいる飛行機が十機、予備機を合わせて十二機です。ここ二年ほど新型機を導入し、予備機を持つことで欠航や遅延を極力出さないようにしていて、品質面はだいぶよくなりました。社員は宮崎本社を含め九州全体で約二百人、羽田に約五百人。オペレーションの中心は羽田に移していて、パイロットやキャビンアテンダント、整備の関係者は大体東京におります。

―― 六期連続の黒字、大変だった時代を県民も知っていますのでうれしいですね。

髙橋―― 最初の五年間が赤字で次の五年間が黒字という明暗くっきりした業績なんですが、その後も黒字を続けることができ六期連続となりました。累積赤字も解消でき、ようやくこれから成長のストーリー、シナリオを作っていく大事な時期に来ています。

―― スカイネットアジア航空が誕生したのはいつですか？

髙橋―― 宮崎―羽田便を就航した二〇〇二年の八月が実質的スタートです。当時の宮崎の経済界の有志がヒトとカネを出し合って立ち上げました。首都圏と宮崎を手軽な料金で行き来できるようにという思いでした。

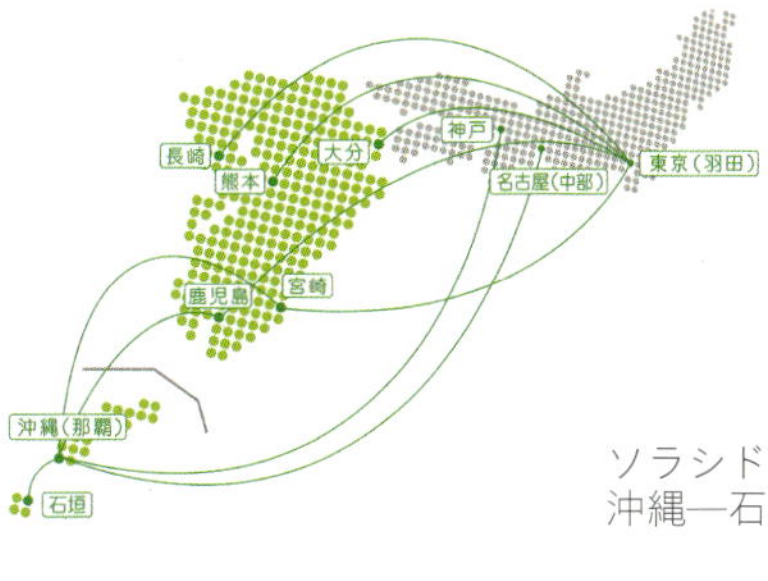

ソラシドエア就航路線図。沖縄―中部、沖縄―石垣は2015年3月29日より新規就航

――苦しい時代もありましたね。何が難しかったんでしょう？

髙橋――一つ目は、いろんな会社から来られた寄せ集めの会社だったこと。航空会社というのは大変な技術が必要ですが、そのレベルが残念ながら不十分だった。二つ目は航空会社という極めて難しい経営に習熟した経営者がいなかったこと。三つ目は、これが最大の理由ですが、創業を急ぐあまり中古の飛行機だけで事業をスタートさせ、非常に故障が多かったことです。オペレーションの面でも損益の面でも大変な足かせになりました。再建時に新鋭の機材に切り替え欠航が少なくなったことが、再出発の最大のターニングポイントになりました。

――髙橋さんが宮崎にいらしたのが二年前？

髙橋――二〇一一年六月に社長に就任しました。就任直後から機材の入れ替えが始まったので、前の経営陣が経営上の大きな判断をして、それを遂行するためにということだと思います。飛行機の原価の約三割は燃料費なんですが、今は油の価格が上がっていますし、我々はドルで油を買うので円安になると原材料費が上がる。燃費というのは航空会社にとっては大事なポイントです。従来の飛行機に比べると新鋭機は燃費だけで二割ぐらい、さらに整備コストでも三割ぐらい安くなります。それにきれいな飛行機ですからお客様の満足度も高まり、品質とコスト両面で大変に効果を挙げています。

銀行マンとして、歴史の転換を目の当たりにする

――髙橋さんは日本政策投資銀行からこちらにこられたんですが、ご出身はどちらですか。

髙橋――岐阜県の郡上八幡（郡上市）の出身です。郡上踊りという江戸時代から伝わる盆踊りが有名で、普段は人口二万人弱の町がお盆の三日間だけは十万人ぐらいに増えます。阿波踊りのような激しいものではなくて、越中おわらの風の盆によく似た非常に優美な感じのいい踊りですね。

――その郡上八幡で育たれて、どんな子どもさんでしたか。

髙橋―― 今はスポーツばっかりやっているんですが、小さい頃は家の中でずっと本を読んでいるようなおとなしい子どもでした。好きだったのは少年少女文学全集、少し大きくなってからは歴史の本ばかり読んでいました。中学の頃から歴史学者になりたいと思うようになって、特に日本の中世に魅せられ、鎌倉、室町の荘園の歴史を高校生ぐらいから一所懸命勉強し始めて、大学も日本法制史というゼミ生が一人か二人いるかいないかのマイナーな勉強をしていました。

――大学は東京大学法学部に行かれて、卒業後、銀行に入るわけですね。

髙橋―― 大学院に行くつもりで勉強していたんですが、さすがに親の厄介になっているので就職活動もやらにゃいかんということで、友人に連れられて日本政策投資銀行の前身・日本開発銀行に行きました。仕事の中身も知らずに開発という名前に惹かれて行ったんですが、地域の開発とか都市の再開発とか、これが非常に面白かった。ヨーロッパの都市の研究や地域の環境問題の研究をしている人など、働いている人たちが本業のほかにライフワークを持っているのも魅力的でした。

――銀行マンといっても、学者肌の方もいらっしゃるんですね。

髙橋―― 政策投資銀行のOBで大学の先生になっている人が六十人ぐらいいます。個々の仕事とは関係なくライフワークとしてコツコツやっている人が多い。そういう面では非常にバリエーションのある組織でした。ただし実際に入ってみたら非常に忙しくて、いろんなことをやらされました。三十四年間、銀行員として働きましたが、一番印象に残るのは一九九二年から三年ほどドイツに駐在したことです。共産圏が崩壊して東西ドイツが統合するのが九〇年十月一日ですから、歴史の転換の現場にいるという印象が強かったですね。東ドイツというのは旧東側の最も優等生で、技術面においても能力においても高いと言われていた。しかし統合によって国がなくなった。共産圏崩壊後に国そのものがなくなったのは東ドイツだけで、西ドイツに吸収合併されたみたいなものです。ある意味、倒産した企業の社員のような感覚で、国民一人ひとりのモラルの崩壊があったように思います。

企業再建ビジネスの経験を経て、宮崎へ

――歴史の転換点をじかにご覧になって、三年後に日本に帰ってこられた。

高橋――九五年一月十六日に日本に帰り、その翌日に阪神淡路大震災があって衝撃を受けました。二カ月後には地下鉄サリン事件があり、バブル経済も崩壊し、このまま日本経済は破綻するのではという危機感を持ちました。そんな時、政策投資銀行の若手が、金融機関として事業を再生するビジネスを始めました。日本では、倒産した企業というのは債権を踏み倒すけしからん会社だと思われていて、そういう会社に追加融資をすることについては抵抗感が強い。ただ、会社自体にはそれなりに価値があるのに事情があって行き詰まっている会社もあって、そういう会社を一度倒産させてしまうと一からつくり直すのは大変なことなんですね。そこで、その会社につなぎ融資をして、スポンサーを探してきてバトンタッチするという、アメリカでは以前からやっていたビジネスを政策投資銀行でもやることになりました。十年ぐらい私も関わり、面白い仕事をさせていただいたと思っています。

――行き詰まった会社を再生する鍵は何ですか？

高橋――こういうことは善意だけではできませんから、やはり成功しないとダメです。そのためには利益をちゃんと生み出せる事業や商品、部門があることが最低限の条件。二つ目は、結果として迷惑を被るところもありますので経営者にはきちっと責任を取って辞めていただく。三つ目は、給料は半減とか、しばらくもらえないなど相当厳しい状況になりますから、従業員の人たちが何年か耐え抜くだけのチームワークとモラルを持っていることが重要だと実感しました。

――そういう仕事を経て、ソラシドエアに来られた。

髙橋――北海道のエアドゥという航空会社を、全日空と政策投資銀行がスポンサーになって再建したことがあったんですが、私も比較的近いところでそれを見ていました。その後、九州でも同じような再建話があって、私は人事部長として政策投資銀行から二人をその会社に送り込みました。ソラシドエアの話をいただいた時、人生というのはどこでどうつながっているかわからないなと、ある種の縁を感じました。

――六期連続黒字まで再生できた要因は何だったと思われますか？

髙橋――一番のターニングポイントはやはり、意欲的に新しい機材に切り替えてきたことです。二〇一四年十月には全部新鋭機に切り替わります。新鋭機は座席と座席の間隔が広く、当社の場合、平均八十一センチあります。平均では当社が一番広くゆったりしています。シートもボーイング社のボーイングエクステリアで、国内では今一番きれいな居住環境を提供できていると思います。

――しかも新しい飛行機に替わったおかげで、遅れや欠航が随分減ったということですね。

髙橋――日本のエアラインは非常に時間に正確で、かつ欠航が少ない。欠航しない比率＝就航率において、日本のエアラインは大手二社に我々新興四社を合わせて六社、ほとんど九九パーセントです。全ての会社が欠航率一パーセントを超えていない国というのは、日本しかないと思いますね。三、四年前までは就航率で大手二社に一ポイントほど遅れを取っていましたが、新型機材を入れ予備機を持ったことで、二〇一一年度

ソラシドエアのイメージカラーのピスタチオグリーンもさわやか、スカイネットアジア航空本社入口にて

の下期は全体でも九九・七パーセントと国内トップになりました。十五分以上遅れないという定時出発率も、ほぼ大手エアラインと変わらない。宮崎に来たばかりの頃、いろんな方にごあいさつをすると必ず「親族の結婚式に遅れた」とか「大事な会議に遅れた」と言われましたが、かつての、負のイメージは一掃しつつあると手応えを感じています。

若手主導で社内改革。ソラシドらしいサービスを

——飛行機の色も、社名も変わりました。ソラシドエアってユニークな名前ですよね。

髙橋—— 新型機材を導入するタイミングに合わせて会社のイメージを変えようということで、社内でブランドを考える委員会をつくり、社名も変えることになりました。空から笑顔の種を蒔こうということで、種は英語でseedですから空とseedでソラシドと。変えるなら徹底的に変えようと、キャビンアテンダントや空港職員の制服も変えてチームカラーを緑にするなど、社内の若手が主導しました。それに我々経営陣が乗っかって、お客さまへのイメージに加えて社員のCIを変えて会社の方向性をも変えてしまうことで、現状を大きく変えたと思います。

——お客さまも気分が変わって「あの飛行機に乗ろうかしら」という雰囲気になりましたね。

髙橋—— 「かわいい」「いい色だから乗りたい」というお客さんもいます。それ以上にやはり従業員の雰囲気が明るくなりました。今までは遅延があるたびに自信を喪失していたんですが、社員自身が非常に前向きになったのは大きいです。会社のブランドを変えるということは、お客さまのイメージと同時に社員の気持ちを変えていくことが大切です。企業再建にしても従業員が死にもの狂いになって、この会社好きだから頑張ろうと思えるこ

女性客にきめ細やかなサービスを提供するソラ女子プロジェクトも始まった

とが大事です。エアラインの従業員はもともと飛行機が好きで入ってきていますが、単に好きなだけではなく自分たちのブランド、会社に自信を持てるというのは非常に大きいと思います。

――今、航空業界には安い運賃の新しい会社が参入してきていますよね。

髙橋――　ＬＣＣ、ローコストキャリアですね。国内ではピーチ、エアアジア、ジェットスターの三社が出てきました。全日空や日本航空は一言でいうとフルラインサービス。ゆったりしたい方にはプレミアムシートがあり、マイルを貯めれば買い物ができるなどあらゆるサービスがつく。その分ちょっと割高になるが、サービスを望むお客さんをしっかり摑む。一方ＬＣＣは、サービスは全てカットしてでも運賃を安くする。このように両極化したとき、当社みたいな中途半端な会社は生き残りが難しいと言われることもあるんですが、我々は大手にもＬＣＣにもできない、ソラシドらしいサービスを追求することによって、我々の顧客基盤をより確かなものにするチャンスだと捉えます。

――ソラシドらしいサービスとは具体的にはどういうことですか？

髙橋――　遅れない、時間に正確、欠航を出さないなどオペレーションの品質についてはようやく大手と同レベルになってきている。ＬＣＣは大手や我々に比べるとその部分が少し劣る。日本のお客さまはその点は厳しいですから、今よりもさらに品質を上げてＬＣＣに対しては優位に立ちたい。一方、大手に比べると相対的にかかるコストが安い。今一番安い商品は、一カ月前に予約すれば東京―宮崎間で九八七〇円です。さらに生産性を上げれば今よりもっと価格を下げることができ、ＬＣＣともそれなりの戦いができる。ただ、機内サービスが全くないとか乗れさえすればあとは一切サポートなしというのは、高品質に慣れた日本のお客さまからするとなかなかついていけませんから、我々はやはり機内の飲み物サービスや機内販売は行う。そういう当社ならではの残さなきゃいけないサービスは残して、お客さまのニーズに対応していきたい。

航空事業を超え、地域をコーディネイトする

――機内サービスや機内販売においても九州らしいものを考えてらっしゃるんですね。

髙橋――機内販売は、九州でしか手に入らないようなものに絞って開発しています。今は二つの人気商品があって、一つは九州のトビウオのだしを使ったあごだしスープ。機内で無料提供させていただいたところ非常に好評です。もう一つは熊本の馬油を使ったハンドクリーム。販売当初は非常に人気が出て一時品切れになったんですが、今は生産量を増やして対応しています。最近では九州各地の企業から「こういう商品があるので、機内で販売してほしい」というご支持をいただいています。

――先日、クッキーを食べさせていただいたんですけど、あれは大分のカボス……?

髙橋――大分のカボスを使ったクッキーです。山形県庄内のイタリアンレストラン「アルケッチャーノ」のオーナーシェフ奥田政行さんが作っています。イタリアンでは有名な方で、たまたまご縁があって宮崎に来ていただいたところ、宮崎そして九州の野菜や果物、肉、魚の虜になりまして、今後さらにコラボレーションしていくことになっています。

――地域のコーディネーターですね。

髙橋――我々みたいなローカルのエアラインは大手やLCCと同じことをやっていても特徴がなくなります。当社はこれまでどっちかというと世話の焼ける出来の悪い子どもだったと思うんですが、そんな中でも応援いただきました。こうした地域のお客さまの支えをこれからは強みにしたい。我々が地域のお役に立てるようになって初めて一人前なんじゃないかと思います。その代わりできるだけお金はかけない。知恵と汗で、地域の人の目線で、ソラシドエアとしてのビジネスモデルをつくっていきたいと思っています。

――将来、ソラシドエアはどうなっているんでしょう。

髙橋――一昨年八月の十周年のとき、米良充典さん（米良電機産業株式会社　社長）にも来ていただきました。商工会議所会頭であると同時に当社の創業者の一人である米良さんがこの会社を作った目的は二つとおっしゃっていました。一つは、東京と宮崎をお手軽な料金で結ぶこと。これは半分くらい達成できた。もう一つ大事な目標があって、元々の社名スカイネットアジアの由来でもあるんですが、九州は日本の一部であると同時にアジアの中の九州であって、これからはアジアとのつながりでビジネスを考えていくべきだということ。「そこはまだできていないね、何とかそのもう一つの夢を叶えてほしい」と言われて私も本当にそうだと思いました。近い将来、アジアと九州を直接結ぶことを中期経営計画の中にも入れています。我々にとっては大事な、次なる目標だと思っております。

――これからさらに、笑顔と元気を発信していく。

髙橋――笑顔といってもただ単に笑っていればいいというものじゃない。ソラシドの笑顔というのはこういうサービスなんだということをお客さまに実感してもらう、これにはゴールはありません。ただ日々の努力で、去年に比べると今年、今年に比べると来年、ソラシドは着実に良くなっていて、皆さまに支えていただくだけではなく、宮崎の誇り、九州の誇りと思っていただけるように頑張らなきゃいかんと思っています。

（二〇一三年三月三十一日放送）

飛び立つ自社の航空機を見つめる
髙橋さんの視線はさらに先に（宮崎空港で）

その後…

その後も黒字を更新し、七期連続の黒字となっている。二〇一四年九月に機材がすべて最新鋭機に入れかわり、飛行機の平均年齢が最も若いエアラインとなった。同年十一月には女性による女性のためのプロジェクト「ソラ女子」をスタート。女性向けサービスを充実させるなど、地域になくてはならないエアラインを目指す更なる挑戦は続いている。

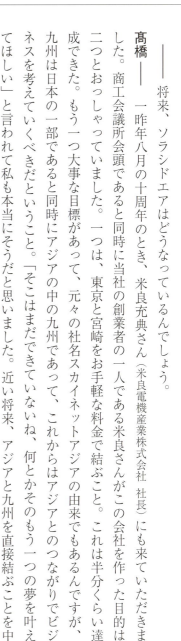

土屋　利紀　医療法人 社会福祉法人 慶明会 理事長

「お陰さん」の気持ちで あるがままに55年

つちや　としのり

1934（昭和9）年、鹿児島県姶良郡栗野町（現湧水町）生まれ。60年、久留米大学医学部卒業、68年、医学博士号取得。32歳で鹿児島県大口市に眼科を開業。69年、宮崎市に土屋眼科医院（現宮崎中央眼科病院）開業。83年に社会福祉法人慶明会、85年に医療法人慶明会を設立。

医療法人 社会福祉法人　慶明会

1983年、社会福祉法人設立。特別養護老人ホームや老人保健施設、小規模多機能施設、住宅型有料老人ホームなど。85年、医療法人設立。宮崎中央眼科やけいめい記念病院など。地域の医療・介護・保健を一体的に担う。

祖母と父の自宅療養を経て、老人福祉施設設立へ

――医師になられて五十五年。さらに社会福祉法人慶明会は三十周年ということで、おめでとうございます。医療を頑張ってこられて、福祉も手がけようと思われたきっかけは何ですか？

土屋―― 中学校の頃に祖母が倒れ、十年間、自宅で療養して亡くなりました。父も十年間寝たきりで亡くなりました。そのとき在宅で看取るのはものすごく大変だなと思いまして、自分が看取られる身になって住める場所を作りたいと「さくら苑」という施設を国富町につくりました。

――当時はまだ、今ほど介護システムができあがっていない時代ですね。

土屋―― 最初は、皆さん姥捨て山のような感覚でした。施設で亡くなった方をご家族が家に連れて帰る時も、「さくら苑の職員は来ないでください」と言われました。ご近所に対して、自宅で亡くなったようにしたいからということでした。また、ご本人がせっかく施設で死にたいと言われるのに、病院に急遽搬送するということもありました。

――建物自体とても居心地がよさそうで、当時は画期的だったんじゃないですか？

土屋―― 外国の施設を見てまわったんですが、どこも広いところで伸び伸びと生活しているんです。それを見て、共有スペースはなるべく仕切りをなくし、一階フロアからは直接庭に出られるようにしました。天井もあちこち窓を抜いて、廊下や大広間に光が入るようにしています。庭には桜の木が植えてあって、春はお花見ができるんですよ。

――今は隔世の感と言いますか、訪問看護ステーションなどいろんなシステムを使って在宅でも介護ができるようになってきました。国の介護政策は今どうなっているんですか？

土屋―― 二〇〇〇年から三年おきに見直しをし、現在、四期までできています。認知症の人が増え

てきたからグループホームを作りなさいとか、在宅介護ができるシステムを作りなさいとか、変わってきています。慶明会も変化に応じて、十年おきに一つずつ新しい施設を作っています。「さくら苑」の他、介護老人保健施設「サンフローラみやざき」、元気な高齢者の方がマンションがわりに利用できる「ケアハウス　サン・グラン」、認知症の方をお預かりするグループホーム「サンメリー」、自宅から通って訓練するデイケアの施設など十の施設を持っています。あと十年もしないうちに人口の三分の一以上が六十五歳以上という超高齢社会、今まで経験したことのない大変な社会に入っていきます。

――福祉において一番の問題点は何ですか？

土屋――システムはある程度整備できますし、老人の人口が増えるのもわかっています。あとは、ケアする人材をどう育てるかです。ヨーロッパでは教会などにボランティア組織があって、老人ケアについても教育もされてきていますが、日本の場合、ほとんど教育されていません。今後はサポートする人たちの教育をしっかりやって、パイを増やしていかなければならないと思っています。在宅で介護ができる、安心して任せられる、心のケアができる人材育成が重要になってくると思います。

まちの眼医者さんだった父の姿に学び、医学の道へ

――ご出身地、鹿児島だそうですね。

土屋――私は鹿児島県の姶良郡栗野町、現在は吉松町と合併して湧水町という名前に変わりましたが、霧島の北側で非常に寒いところです。父は眼科のドクターで、田舎で開業していました。六人きょうだいで、上三人が女でしたので四番目の私は非常に大

老人保健施設 サンフローラみやざき

ケアハウス サン・グラン中庭にて

特別養護老人ホーム さくら苑

事にされ、わがままいっぱいで育ちました。小学校入学と同時に戦争に突入して、六年のときに終戦になりました。勉強はあまりせず、山に行って小鳥を捕ったり、川で魚を捕ったりした思い出が大きいです。町は空襲はなかったのですが、最後の八月に入って、二回くらい駅や学校が機銃掃射を受けました。中学校に入ってからは終戦後で食糧もないし、米軍の兵隊さんたちがやってきて怖い思いをしたこともあります。

――お父様の跡を継いで眼科のお医者さんになろうと思っていらしたんですか？

土屋―― 小学校までは軍隊に入って、特攻隊になって飛行機に乗るというのが夢でした。それが敗戦で百八十度変わりましたから、非常に戸惑いました。ただ、中学校時代の恩師が軍隊から帰ってきて、お前は医者になるんだから体が丈夫でないとダメだということで、柔道や、合気道など特殊な教育をしてくれました。それに感化された部分はあります。中学になると、父がいろんな本を読ませてくれました。心の問題を非常に大事にしていましたから、フロイトの本や、森田精神療法で有名な森田正馬先生の本などです。眼科医になろうか精神科医になろうか、迷った時期もありました。

――やはりお父様の影響が強いんですね。

土屋―― 本当の町のお医者さんでした。二十四時間、患者さんが来たらいつでも診る。休みなしで働いていました。患者さんを診るのに休日も夜もないという姿勢を、身をもって教えてもらいました。

――高校卒業後、医学部へ？

土屋―― 当時の医学部は今とはちょっとシステムが違っていまして、今は六年制ですが、私の頃は二年間の一般教養を経て、その後、医学部を受験するというシステムでした。医学進学コースと言っていました。高校まで田舎

土屋さんの父、勇満氏。眼科医で、本当の「町のお医者さん」だった

で過ごしましたから、どうしても外国か東京に行きたいというのが夢でした。それで、東京の学校へ二年間行きました。東京は思った以上に大変でした。鹿児島弁が通じませんし、何とか標準語を真似てごまかしながら会話していましたね。ただよかったのは、田舎では見たこともない映画や演劇を自由に見られたし、洋食というものも初めて知りました。フォークとナイフを使って食べたときには感激しましたね。今でも一番思い出深いのが、東京の二年間です。

——それから医学部に入られるのですが、九州に戻っていらっしゃるんですね。

土屋——開業医の息子など知り合いの多い久留米大学に入りました。教授や助教授の手術を見せてもらって、それに対して患者さんが涙を流してお礼を言われる。その姿を見て、やっぱり医師を目指してよかったと思いました。眼科というのは守備範囲が広いんですよね。内臓の問題や心の問題も含めて、全部がわからないとやれない科だということがわかって、面白い科だと思うようになりました。

見知らぬ地、宮崎で開業。眼科医の立場から課題に取り組む

——大学を卒業なさって、最初にお医者さんとしてスタートなさったのはどこですか？

土屋——鹿児島大学の眼科の医局に入局し、六年目に実家近くの大口市で五年間開業していたんですが、先ほど話したように寒い土地だったのと、桜島の灰が降りますので、住みやすい場所を求めて宮崎に来ました。西都市に浦田先生という外科の先生がおられて、開業前にそこに一時出張所を作らせてもらって、週に一回、大口市から通って診療しました。その後、宮崎に移りました。眼科医になった時から将来はグループでやっていこうと考えていましたので、開業する前に妹婿の原田一道先生（第二代の中央眼科院長）に、医学生でしたが口説いて眼科医になってもらいました。また、妻の弟の大浦福市先生（第三代の中央眼科院長）に、当時まだ小学六年生くらいでしたが、医者になってくれと頼み

ました。いずれある程度の規模の病院にしようと思い、場所も県病院に近いほうが患者さんへの紹介などに都合がいいと考え、和知川原に構えました。内科的あるいは外科的な疾患があったり、緊急の場合はそういう処置のできる病院が近くにあったほうがいいと考えたんです。今のところ、だいたい計画通りにいっています。

――その当時、眼科というのはまだ小さな医院が多かったですよね。

土屋―― 一人でやっている小さな医院ばかりでした。最初は十人くらいから始めた職員も四十人、五十人と順調に育ってくれました。職員が育ってくれなければ、いくら一生懸命経営してもダメですので、そういう意味では私は恵まれたと思っています。今、眼科はサテライトの診療所を入れるとドクターが十五人、職員は百五十人に膨れ上がってきています。その中で、三十年以上一緒に仕事をしている職員が二、三十人はいます。

――順調にこられて、眼科医としていろんな病気に取り組んでいらっしゃるんですね。

土屋―― 宮崎に来て、原因不明の視力障害を持つ子どもさんたちが何人かいたので、これはおかしいと思い、探っていきましたら、有機リン中毒に行き当たりました。その頃、宮崎は日本で一番農薬を使っている県だったんです。お母さんも肝臓がやられて中毒症状が出たりしているんですが、原因はわからない状態でした。効果のある薬はわかっていましたから、それを使ってだいぶよくなりました。昭和四十七年に日本臨床眼科学会で発表しましたが、あまり公に言わないようにと県からクレームがつきました。今は、宮崎は日本で一番、農薬のチェック機能が充実していますから、低農薬でおいしい宮崎の野菜や果物を安心して食べてくださいと言っております。昭和五十九年には学童期における心因性視覚障害の検討について学会で発表しました。心の問題で眼が見えなくなる子どもたちがいる。放っておくと登校拒否に繋がったりするので、小さいうちに原因を追究して治してあげないと

昭和40年代の土屋眼科

いけない。まだ心理カウンセラーが少ない時代でしたが、病院に心理カウンセラーをおいて、一緒になって治していくということをやりました。

――弱視児の教育にも取り組まれたということですが。

土屋―― 当時は弱視児の治療を行う際に、教育面の指導をしていただける先生がおらず、受け入れ体制の整った施設もなくて非常に困りました。昔は0・1から0・2の弱視の子どもたちは特殊学級に入っていたんですが、この子たちは普通に生活はできるんですね。なるべく一般の教室で一般の生徒と一緒に生活させてほしいと相談して、昭和五十四年に弱視教育研究会を設立し、宮崎市内に弱視学級という教室を作ってもらいました。先生を固定してもらって拡大鏡を使って勉強し、体育や音楽などは一般の生徒と一緒に学ぶ教室です。

医師、看護師、ボランティア、サポーター、皆で築くケア主体の病院づくり

――医師として、社会福祉法人を立ち上げられ、さらにけいめい記念病院を造られた。

土屋―― 福祉施設を造りましたが、利用者が病気をされたり、急に骨折されたりしたときに宮崎市内へ紹介するには場所が遠かったりということがあって、利用者の要望もあって、造りました。普通、病院は治療するのが目的なのですが、けいめい記念病院では元気に遊びながら治療をする。特に認知症の方々を交えたクラブがあって、そこで患者さんと一緒になっていろんなことをやっています。認知症専門のドクター、整

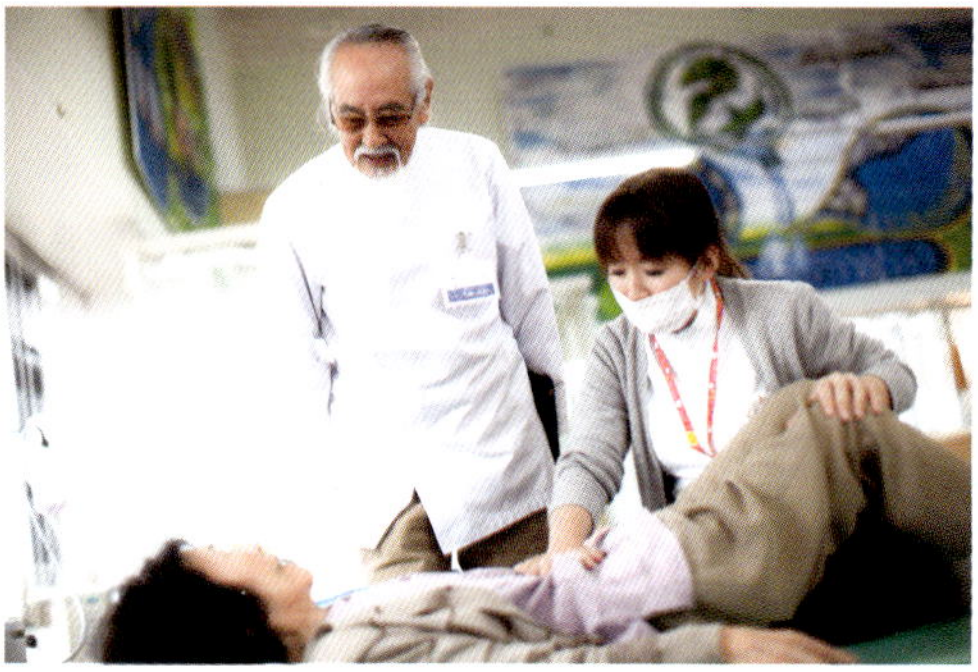

けいめい記念病院にはリハビリから体操教室までできる、広々としたオープンスペースがある

形外科のドクターのほか、内科のドクターが四人、カウンセラーが一人いて、心理面もバックアップする体制をとっていきます。まだ、理想のカタチまでは四分くらいのところで、あと六分は今からです。

――理想のカタチはどのようなものですか。

土屋――　ドクターや職員、患者さん、一緒になって長生きするための施設にしたいんです。運動や趣味、ゲームなど、好きなことをするのが一番の治療です。歌が好きな人は歌えばいいし、花が好きな人は園芸療法をすればいい。今はそれをサポートするグループが非常に少ないんです。音楽療法のグループや園芸療法のボランティアの人たちの助けがないとできないと思います。いろんな人たちが集まってケアを行う。病院だけど、治療主体ではなくてケアを主体とした病院づくりです。

――ボランティアとして自分がお手伝いをしていると、自分が年をとったときのイメージも抱けるし、お世話してもらう立場になったらこうふるまおうということもわかりますものね。

土屋――　そういう教育が日本はまだまだですね。病院や診療に対しては口を出してはいけないという風潮がある。もっといろいろな人が来て「これいいね」「こういうことをやってみようか」と取り入れながらやっていけばいいし、それに合ったサポーターがいればいいと思うんです。そういう医療福祉の分野に入ってくる専門的なサポーターがまだ少ないというのが現状です。第五期目の福祉改革の中で、地域包括ケアという言葉が出てきました。行政が指導しながら在宅ケアをするときに、みんなで連携を取るためのシステムです。今はケアワーカーやいろんな人たちがバラバラにやっているんですが、地域でそれを一本化しながら、一人の患者さんに対して皆でどういうケアをやっていけばいいか考える。ボランティアの必要な人にはボランティアを、専門のドクターが要る人には専門のドクターをと、みんなで助け合いながらやっていこうというのがこのシステムの狙いどころです。

――今は発展途上のシステムなんですね。

土屋――　いまはまだ、絵に描いた餅。今は人材不足ですから、人材を宮崎に残さないといけない。まずは農業・漁業・林業など宮崎のいい産業を伸ばして、いい福祉の町づくりをして、地元で子どもを生み育てていこうという雰囲気を作ること。もう一つは医療福祉の職員の給与自体が非常に低いので、働き手を確保するためにも賃金面をよくしていくことが大事だと思います。福祉だけではなく農業・漁業・林業の活気が出てこないと全体のパワーは生まれません。田舎を丈夫にしないと日本全体が潰れるわけで、そのことを政府には考え直してもらいたいなと思っています。

「おかげさま」「ありがとう」「あるがまま」をモットーに

――今日のテーマでもある、お好きな言葉「お陰さん」。これは皆様のお陰ということですか?

土屋――　皆さんというよりも、太陽や水や、自然に対してですよね。自然のお陰さまで生きている。自然に感謝すると、今度は祖先に対してもやっぱりお陰さん。祖先があって現在の自分があるわけですから。それから、社会があって今こうやっていられる。直接的にはうちの職員や患者さんなど、全てに対してお陰さん。「お陰さん」「ありがとう」は一番明解でわかりやすい言葉です。

――仕事の傍ら乗馬もなさるし、旅行も外国にずいぶん行ってらっしゃると聞いていますが。

土屋――　五十カ国くらいは行っていると思います。一般の人があまり行かなかったアフリカ、モンゴル、アイルランド、トルコなど馬での外乗りの旅です。私が馬を好きなため、息子が本当の馬乗りになり、日本代表でアトランタとシドニーのオリンピック選手として出場しました。海外でその土地を知ろうと思ったら、一番いいのは飲み屋さんに行って地元の人と会話をすることです。今、何が起こっているのかを肌で感じることができます。今は心臓疾患があったり脳に疾患があるのであまり旅行してはいけないと言われているんですが、先頃は世界で一番幸せな国と言われるブータンに行ってきました。素晴らしい国だったんですが、若い人たちは仕事がなくてものすごく困っていました。今年は、トルコとギリシャに行きましたが、社会が崩壊しつつあってどうにもならないという印象を受けました。外国旅行も今年で最後、今後は日本中を見ていこうと思っています。

――お話を伺ってくると、結構アドベンチャーなところもあってここまで来られたんですね。

土屋――遊び心があったから、ここまでこられたと思います。自然体と言いますか、「あるがまま」というのがもう一つの好きな言葉なんです。あるがままでずっと生活してきています。子ども時代にゆっくり遊んで自由奔放に生きてきましたから、それが根本的なエネルギーになっている気がします。

――慶明会の理事長として、これからの夢って何でしょう？　また個人としては？

土屋――理事長としてはやはり職員が安心して暮らせる職場づくりですね。「ここで働いてよかったな」「いいグループで、いい友達ができてよかったな」と思ってくれる職場ができればいいなと思っています。個人としては特に夢はありませんけど、八十になったら、いかにして死んでいくかというのが一つの課題です。欲を言えば日本中、世界中の自分が見たいものを少しでもたくさん見て、あの世に行ったときに話ができるようにしたいなと思っています。

（二〇一四年十月十九日放送）

トルコにて乗馬を楽しむ。毎年海外旅行に出かけ、馬でその土地を散策するのが楽しみ

その後…

二〇一五年には「二〇二五年を見据えた介護保険事業計画」の第六期目の改正もある中、在宅介護をサポートするチームづくりに力を入れている。また同年、ニュージーランドの島々を船でめぐる計画もあり旅への意欲も旺盛。目の不自由な方のサポートを目的としたボランティア団体「さざなみの会」の活動は、引き続きライフワークとして取り組んでいる。

中島 弘明　メディキット株式会社 代表取締役会長

新しいものは作っていて楽しいです

なかしま　ひろあき

1935（昭和 10）年、日向市生まれ。中央大学経済学部卒業。光亜証券、八光電機製作所を経て 71 年株式会社中島医療用具製作所を創立。73年メディキット株式会社設立、代表取締役社長就任。2010 年より代表取締役会長。

メディキット株式会社

透析、血管造影、輸液等に用いられる血管用カテーテルの開発・製造・販売を行う。1971年に中島医療用具製作所として発足。73年現社名に変更。76年に日本初のフッ素樹脂を用いた一体成形型留置針を開発。

原点は富士山への憧憬、海外美術館で見た光景をふるさとに

――中島記念館には今、富士山の絵を特別展示していますが、きれいですね。

中島――あのくらい並べると、富士山にもいろいろな富士山があるんだなと楽しんでもらえるのではないかと思っております。

――富士山の絵を集められたのは、何か思いがあったんですか？

中島――子どもの頃、「富士は日本一の山。いつも気高く美しくそびえています」と教科書に出てきました。以来、富士山をずっと思い描いてきて、大学受験で上京したときに静岡で初めて富士山を見ました。最初に買った絵が富士山の絵だったんです。当時は団地住まい、娘が小学校四、五年生でしたが、うちには絵が一枚も掛かっていなかった。そこでデパートの展覧会に行き、富士の絵を買いました。小さな絵でしたが、気高くていいなと思いました。富士山の絵といっても画家によって全く違った印象で、富士への憧憬というのはそれぞれに違う。富士そのものを気高く美しく描く画家、風雲を告げるように描く画家、年に一、二回しか見えない赤富士を描いた画家などいろいろあります。

――幼年時を過ごされた地、緑豊かなところに素敵な美術館が建っています。美術館を創ろうと思われたのはなぜ？

中島――富士の絵を買ったのが始まりで、展覧会やデパートの頒布会で一枚、二枚と買っていくうちに、何十年かの間に百二十、百三十枚とたまっていきました。あまりにもたまってきたものですから、美術倉庫

これまでのコレクションを
展示した中島記念館にて

を借りて十四、五年間入れていたんです。そろそろ田舎に帰ろうと思ったとき、たまった絵のことを女房に話したら「そんなにあるんだったら県に寄付したら、県民のみなさんが見てくれるからいいんじゃないの」と言われました。日向市長がぜひ日向市でと言ってくださったので、工場の隅に施設を作って、みんなに見ていただければいいかなと思ったんです。

――日本画も洋画もあり、外国の作家も日本の作家もあると、幅広いですよね。

中島――　フランスやドイツなどヨーロッパで医学の総会があって、私どもも医療機器を展示に行くんです。一週間ずっと展示会場にいてもしょうがないので、各地の美術館に絵を見に行きます。ピカソあり、ゴッホあり。それを見て、こういうふうにするとみんなが見られるんだなということをおぼろげながら感じてはいたんです。

――それが形になったのが中島記念館。

中島――　外国では、子どもたちが遠足やピクニックで美術館に来て、スケッチしたりして帰るんです。いい光景だなと思いました。最近、うちの美術館にも子どもたちがやって来て、「スケッチいいでしょうか」と先生がおっしゃいますので「どうぞ、どうぞ」と言っております。

証券マンから、医療機器開発を目ざし、アメリカへ

――メディキットの医療機器の中で、主力製品は何ですか？

中島――　三種類の製品を主としています。第一がカテーテル。人工腎臓用で、人間の血液を浄化するとき静脈と動脈にカテーテルを刺して循環させます。二つ目は点滴のときに静脈に針を打つ際のチューブ。血管の中に三日間ぐらい入れて取り替えます。三つ目はシースイントロデューサー。心臓や

入郷の地の、眺めのよい高台に建つ中島記念館

脳に使うカテーテルは、このシースイントロデューサーを静脈や動脈に刺してから入れていくんです。この三品で、日本の三、四割のシェアを占めています。

――今、工場は東郷のほかにもあるんですか？

中島―― 東郷と日向、それに千葉とベトナムにも一つずつ。従業員は、ベトナムに約四百人、東郷・日向・千葉に計約八百人。製造・販売合計で八百八十三人です。

――元々は日向市のお生まれでいらっしゃいますか？

中島―― 幼稚園から小学校二年まで日向にいて、それから戦争が激しくなって母方の里の東郷に疎開しました。東郷では夏は川、冬は山で遊び、勉強はほとんどしない少年時代を過ごしました。中学校卒業後に日向に戻り、富島高校に入りました。足が速かったので高校では陸上部に入ったんですが、毎日野球部の人が来て勧誘するものですから、とうとう野球を始めました。勉強しなきゃならないのに朝から晩まで野球でした。大学は、一番授業料が安い中央大学へ行きました。大学時代は少しは勉強しましたが、あとは遊びやアルバイトが多かったですね。

――卒業後、こういう道に行こうという希望はあったんですか？

中島―― 当時は高度経済成長の始まりのころで、証券会社が脚光をあびてきていました。僕は経済学部でしたから、証券会社に行くしかないと思いました。当時、中央大学では優が三十以上あると四大証券を受けられたんですが、僕は二十八しかなく、ちょっとランクの下がる六大証券の一つに入りました。過酷な仕事で、夜討ち朝駆け。それに、相場というのはいくら勉強しても予期できぬこと。これは非常に難しい。とてもじゃないけど僕には合わない。それで他のことを考えないといけないと思うようになりました。

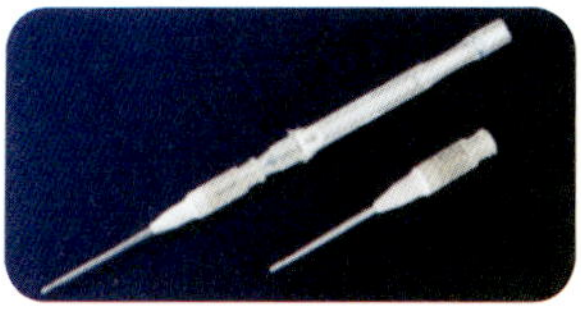
透析用留置針

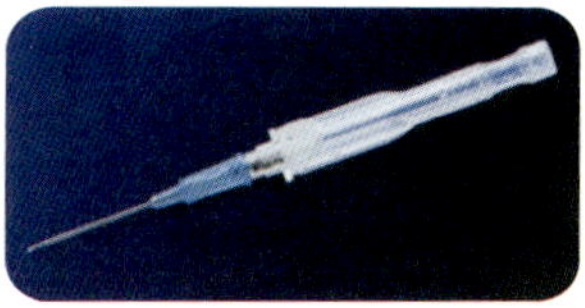
静脈用留置針

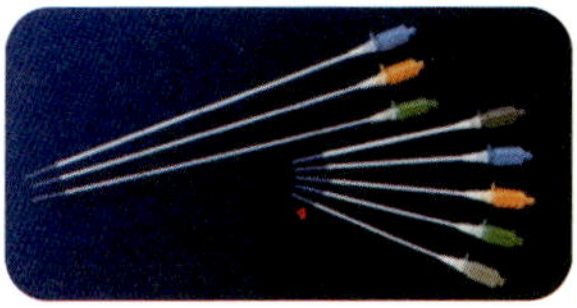
アンギオ関連（カテーテルイントロデューサー）

――証券マンとしては成績もよかったそうですが、ちょっと違うなと思われたのは何歳のとき?

中島――二十七、八ですかね。自分には合わないなと日頃考えていたところに、当時お世話になった会社の重役の方から「大学時代の友だちが今度やる仕事に、一年でいいから営業で手伝いに行ってくれないか」と言われたんです。それで転職しました。その会社は医療関係の注射針を作っていて、北海道から九州まで、旧帝国大学やそれに類する大きい大学の医学部を営業で回りました。いろいろな先生方と出会って、アメリカ留学してきた人も多かったんですが、その人たちが異口同音に言われるのが「日本には日本のものがあるんだから、アメリカに追従してアメリカの医療機器を使うことはない。中島さん我々で作ろうよ」ということ。それならと会社を辞めてアメリカに行ってみたんです。向こうで医療用の機械や機器いろいろ見せてもらって、その後の自分の身を開く基になりました。

――アメリカに行かれて、まず何を思いましたか?

中島――一番ビックリしたのは国の広さです。よくもこんなところと戦争をして、負けることを承知でやっていたんだなと思いました。親父は終戦後、モーターの仕事をやっていたんですが、僕が子どもの頃、「アメリカは超金持ちだ。だから軍艦も飛行機もいっぱいある。日本は貧乏だからない。アメリカのように裕福にならないといけない」とよく言っていたものです。メディカルの工場というのは見たことがありませんでしたが、空気のきれいな場所で製造するということで、山の中にあるんですね。当時まだ日本にはなかった心臓弁なども作っていました。日本人がアメリカに行っても当時は全部見せてくれました。私のターニングポイントと言われればそこですね。もうこれをやるしかないと思いました。

コタツの上で生まれた世界初の一体成形型カテーテル

――まずは何を作ろうと思われたんですか？

中島―― 当時、日本ではみんな金属の注射針を血管に打っていたんですが、アメリカではチューブを血管の中に入れるために先端に針が付いているだけだった。皮膚に通ったらその針はすぐ捨て、チューブだけが入るわけです。すると血管が動いても大丈夫です。しかも金属の場合、敏感な人はアレルギーで真っ赤になりますが、プラスチックチューブであればアレルギー反応が出ない。しかし当時はプラスチックの接着ができなかったので、アメリカでも金属で繋いでいたんです。すると血液が流れるときにこの金属の破片に血球がぶつかって壊れる。「一体だったら血液の流れがよくて血球も壊れない。そういうものを作ったほうがいい」と日本のお医者さんに言われました。

――それが一体成形型というもの。

中島―― 一、二年でできると思ったんですが八年かかりました。当時、テフロン加工のフライパンが出始めて、フライパンに貼ってある樹脂はアメリカのデュポン社のもので、デュポンに行ったら「あなたがやろうとしている仕事には、この樹脂がいいです」と親切に教えてくれました。それを買って帰ってカテーテルづくりが始まりました。太いチューブに温度をかけて細く引きます。ここは一ミリ、ここは五ミリと太いところと細いところを作りながら。作りはじめて七、八年して、正月にコタツに入ってやっていたら偶然できたんです。四畳半の部屋で電熱器を使って変化させていました。

――一人でずっと研究なさっていたんですか？

中島―― あらゆる技術者に聞いて回りました。「化学樹脂は温度をか

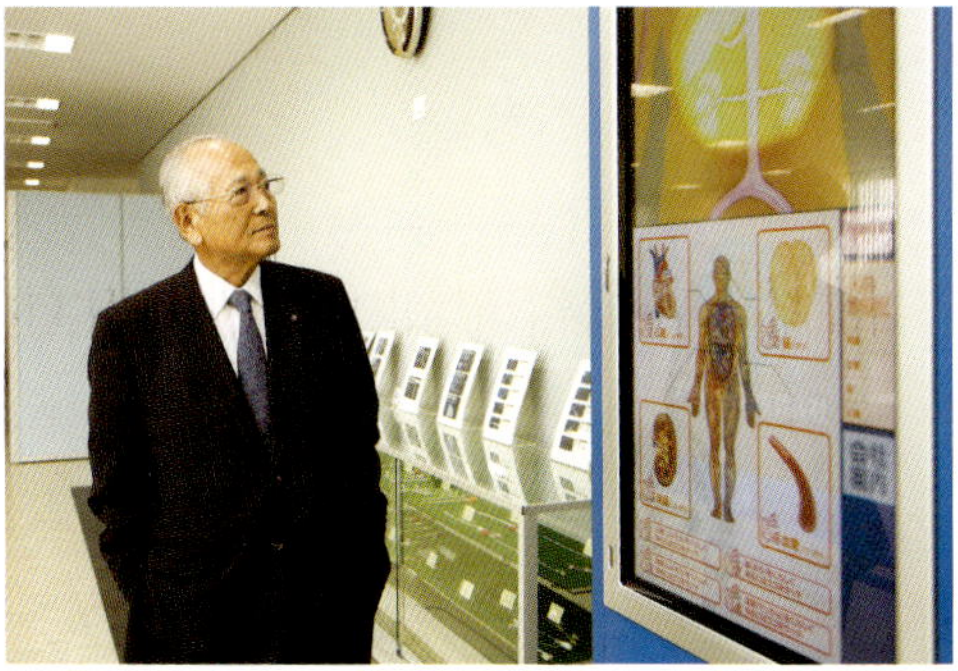

東郷メディキット(株)東郷工場にて。
カテーテルの図の前で

けないと成功しない」と旧陸軍の幹部だった人が教えてくれました。まず一つ作ってみて、工場の連中に見せました。すると彼らは十メートルくらいのラインに炉を作り、そこから一本一本出てくるようにしました。それまで世の中になかったものですから飛ぶように売れ、その後十年間は年率三〇パーセントくらい伸びました。

――それができるまでの八年間はたいへんでしたでしょう？

中島――その間はアメリカ式の金属で繋ぐものを作っていました。それを飯のタネにしながら、ついに一体成形型カテーテルができた。今でも覚えていますが、団地に帰って飛び上がって「バンザイ！　これで世界一の金持ちになれる！」と言いました。しかし女房からは「何を言っているんですか。そんな話は、売れていない旧製品の在庫を売ってからにしてください」と言われました。

人が変わると全く観点が変わる。変化は現場から

――その後もいろんな製品を開発してこられたんですね。

中島――九年ほど研究していた製品もあります。若い優秀な大学出の人たちが研究していたんですが、七年目ぐらいにこれはもうできないと一度は投げたんです。そこに二人の青年が新しく入ってきて、ある日突然「できました」と言ってきたんです。これが現在の、弁が付いた安全留置針です。

――体の中に針を置いておけるというもの？

中島――そうです。安全留置針をチューブに刺すと、体内に針が入り、血液が逆流してきます。針は抜いて捨てます。すると、ゴムの弁で血液が逆流するのを止めることができます。ですから看護師さんは両手が使え、刺すことに専念して、針を捨てればチューブだけを入れられるわけです。

――確かに刺したら血が逆流してきますけど、それが安全に止まっていれば安心ですね。

中島——　昔は、逆流してこないように看護師さんやお医者さんが手で押さえていたんです。それまで世の中になかったものですから、アメリカ企業から日本企業まで全部真似しました。しかし私どもが一番先に出したものですから、日本の四〇パーセントぐらいの市場シェアを持っております。

——今も研究、そして開発をなさっているわけですね？

中島——　そうです、みんなで。人が変わるとまったく観点が変わります。それまでダメだったものも、ある日突然「できました」と言ってくる。今度はカテーテルでも、血管や心臓、頭、お腹に入れるものが必要になってきてずっと研究していたんですが、うちとテルモが全く同じ日に製品発表したんです。性能も同じもので、今、日本の市場の四〇パーセントくらいを二社で分けています。

——ここまで躍進したのは何がよかったからだと思っていますか？

中島——　松下幸之助は、「私は失敗したことがない。成功するまでやる。だから失敗がない」と言いました。うちもそういう考えでやっております。「徹底してやり抜く」ということです。社員にも、持続性を持ってやれ、考えて考えて新規性を出せと言っています。人の真似はやめたほうがいい。でも、今の人は物真似なら一日でそっくりのものを作ってくる。ものすごくうまいんです。そんなときは、これはいかん、さらに一ひねり、二ひねりして考えてくれというふうに話します。

——新しいものを作れる社員に育てるには何が大切なんですか？

中島——　やはり現場に行くこと。お医者さんの仕事場です。そこで、「先生、何に困っていますか？　何があったらいいでしょうか？」と聞いて回らないとダメです。開発に入って三、四年工場で働いたら、各営業所に二人か三人ずつ、研究員を置いて、営業の人たちと一緒に得意先

現在の一体成形型カテーテルを手に。
メディキットの「開発魂」がつまっている

を回るということをやっております。

――中島さんは、人の真似ではない新しいものを徹底して作る人だと社員の方から伺いました。

中島――新しいものは作っていて楽しいです。一回でも二回でも成功体験がでると、自信めいたものが生まれます。世の中の品物の多くは、ノーベル賞的に発明されたものではない、改善改良から生まれたものだ。それを考えろと言っています。

足元を固めて、自分が先頭に立って

――営業の方々には何かおっしゃることってありますか?

中島――営業は自分自身がやってきたことなので、手に取るようにわかる。たとえばアポイントを取るときに、先生、いついつ会ってくださいでは偉い人は会ってくれません。その前に看護師長さんに会って「三分でいいから話を聞いてください」と言います。すると「三分ならいいわ」と言われるので、そこでアポイントを取るんです。「いつなら会っていただけますか?」と。すると、いつならいいとアポイントを取ることができます。そういった人とのコミュニケーションが大事で、大学の先生に会うときも三分間だけお願いしますと言えば、「歩きながら三分ならいいよ」と言われます。そのときに次のアポイントを取るんです。

――めでたくアポイントを取れたら、次にちゃんとわかってもらうための力がいりますよね?

中島――たとえば心臓カテーテルに詳しい先生に会うとすると、「どこをどう改善すれば、さらによくなりますか?」と聞きます。そして、その先生の言うように製品を作って持っていくわけです。それを何度も繰り返すとコミュニケーションも深まり、どんどんいいものができてきます。

――お好きな言葉は何でしょう?

中島――　禅の言葉で「脚下照顧」という言葉です。まずは自分の足元を照らして物事を進めろ、足元を固めろということです。もう一つは佐藤一斎という人の言葉で、「暗い夜道を嘆くことは何もありません。自分が提灯を持って、自分の足元を照らしながら自分の目的のところに行ければ、必ず到達できます」という言葉です。どちらもだいたい同じことを言っているんですけど。

――　ずっとトップとしてやって来られた中島さんですが、企業を率いていくためにトップはどうあらねばならないと考えて来られたんですか？

中島――　率先垂範で、自分が先頭に立っていつも動くということだけでした。

――　一体成形型のカテーテルもご自分で作られたんですものね。これからのメディキットはどういうふうになっていく、なっていきたいと考えていらっしゃいますか？

中島――　今は三十四、五カ国に輸出しておりますが、今度はアメリカやヨーロッパを本格化させたいと考えています。アメリカを制する者は世界を制するという言葉があるんです。ですから、会社が変わっていくとすれば国際的な一つの企業になっていくために、どういう手を打って、どういうふうにやっていけばいいかということが課題だと思います。

（二〇一四年二月二日放送）

中島コレクションの中には、
陶磁器の名品も含まれている

その後…

アメリカで販売するための静脈留置針を新たに開発。二〇一五年三月から本格的な販売を開始する。ヨーロッパ・東南アジアなどすでに三十六カ国に輸出されている静脈留置針の、最後に残った最大の市場への挑戦が始まる。中島記念館の入場者は一年目に一万人を数え、その後は半年で一万人を記録。今後、日本を代表する陶磁器の名品の展示も充実させる予定。

野崎 藤子 一般財団法人 弘潤会 理事長

医療・介護・福祉の連携、伸ばそう健康寿命

のざき ふじこ
1939（昭和14）年、延岡市生まれ。62年、明治薬科大学卒業。78年、福岡大学医学部卒業、84年、同大学院博士課程修了。84年7月より一般財団法人弘潤会理事長。94年までは内科医として診療にも携わりつつ理事長職を務める。

一般財団法人 弘潤会
1962（昭和37）年、友愛の里を設立。75年、医療法人白十字会より野崎病院へ移管。86年、画像センターを開設。94年、野崎東病院、シルバーケア野崎を設立。さらにデイサービス、グループホーム、小規模多機能型居宅介護などを展開。

宮崎市内初のＭＲＩ画像診断センター

――大きな病院や施設を統括する理事長さんということで、ご苦労もあるかと思いますが、理事長に就任なさって何年目ですか？

野崎――昭和五十九年に父が亡くなりまして、その後を引き継ぎましたので三十年になります。ただただ真剣に仕事をしてきたという感じです。弘潤会は、医療機関、介護施設、介護ケアサービス事業、また原点である福祉に重点を置いた福祉工場などの運営を図りながら、医療・介護・福祉のネットワークで、地域の皆様方に貢献しております。

――野崎さんが理事長になられてから、いくつも施設が増えているわけですね。

野崎――父から野崎病院と青葉中央病院という二つの病院を引き継ぎました。さあこれから何をしようかと思ったとき、宮崎市内にはまだＭＲＩがありませんでしたので、画像診断センターを立ち上げました。野崎病院は昔から精神科がメインでしたので、もっと幅広く皆さんに利用していただきたいと思いました。地域の先生方にも文書をお送りし、大学とも連携させていただいて、皆さんから信頼を得ることができました。放射線科の先生が診断をして、フィルムと一緒に各病院や施設にお返ししています。現在は健診センターとして年間五千人から六千人の方々に、一泊や日帰りで健診を受けていただいております。

――新しいことをやろう、こういう機材を入れようという情報をキ

野崎病院スタッフと、
父・正氏の像の前で

ャッチし、判断する力が野﨑さんにおありなのでしょうね。

野﨑――うちの本部でも私が全てアイデアを出すんです。喋っている間にアイデアが浮かんできて。決める時は私が独断でやるんですが、職員もみんなついてきてくれます。地域の皆さんに喜んでいただき、笑顔で毎日生活できるようなことをやりたいといつも思っています。日常生活が楽しくないとストレスがかかってガンになりますからね。「毎日、楽しく生きなきゃいけないのよ」って、皆さんにもお伝えしています。

――野﨑さんご自身、ストレス解消はどうなさっているんですか？

野﨑――特にはありませんが、よく寝ることでしょうか。局長たちによく言われます。いろんなことがあって翌日私がしょげてくるのかなと思っていたら、朝は元気に出てきますね、と。嫌なことは忘れて、何とかなるさというような気持ちで毎日過ごしております。

――いろんな病院やケアの施設をお持ちなんですが、理事長ご自身そういうところへ行って一緒に運動したり、お話ししたりなさるみたいですね。

野﨑――今は臨床の現場には立っていませんが、当時の患者さんたちに外来でお会いすると、皆さん覚えてくださっていて「あら、先生」と言われます。「今、入院中です」とか、「通わせてもらっています」とかおっしゃいます。施設に入所されている方には、「ゆっくり楽しい生活を送ってくださいね」と話しております。

二児を抱えたシングルマザー、三十三歳にして医学生に

――野﨑さんは、最初から医学部にいらしたわけではなかったんですね。

野﨑――薬学部を出た薬剤師でございました。父の薦めで医学部を受け直したんですが、十四年ほ

どブランクがあっての受験勉強ですから大変な苦労をいたしました。その頃、私は二人の子どもを抱えて離婚したばかりで、下の子が六月に生まれ、九月には久留米の千歳学園という予備校に入りました。「子どもは面倒みてやるから行ってこい」と両親が背中を押してくれて、私自身も心機一転、新しく何かに打ち込んでみようと思いました。予備校の先生方も「あなたにかけてみたい」とおっしゃってくださって、それぞれの個人指導を受けました。授業が始まる前、朝七時から英語の個人指導を受け、午前中の間はその先生の行かれる教室にずっとついて歩き、英語の授業を受けました。化学は薬学部を出ていますので本を一冊読めばいいかなと思いましたし、数学はもともと好きでした。

――とは言え、何かと不自由もありましたでしょう。久しぶりの受験勉強はたいへんでしたでしょう?

野﨑―― 千歳学園には旅館の離れを借りてそこから通っていたんですが、旅館の方々が早くから朝食を作ってくださって、本当に皆さんにお世話になりながらの受験勉強でした。九月に予備校に入ったわけですから、受験まで半年しかありません。年が明けてから試験までは、お布団に寝た記憶はございませんね。おこたに座椅子で寝ていました。私は書きながらでないと覚えられない性分で、一生懸命わら半紙に書いては覚え、書いては覚えの日々でした。苦労もしましたけれども、今振り返りますと楽しかったですね。

幼き日、父、母、姉と。
右端が野﨑さん

明治薬科大時代の学友たちと。
左から２人目が野﨑さん

――福岡大学医学部に入学されて、周りは高校を卒業した若い人たちばかりですね。

野﨑――無事、医学部に入ったのは三十三歳のときです。浪人して入った方もいらっしゃいましたが。医学部は昔は女性が少なくて、百四十人のうち四名だけでした。今は半数が女性ですからね。その頃は皆さん、三畳一間のお部屋でしたが、私は女性ばかりの寮に六畳一間が空いていて、そこに入りました。薬学部、体育学部、文学部、いろんな科の若い人たちと朝食や夕食を一緒に食べて、二年間は楽しく過ごさせてもらいました。二年が終わりましたら、本学部としては基礎が終わって第一線の専門の勉強に入りますので、一人で別のアパートを借りて、そこからはもう一生懸命でした。若い人たちと第一線に並んだのですから。試験も習ったことしか出されませんので、しっかり復習して、繰り返ししておけばなんとかクリアしました。追試もあまり受けた記憶はございません。春休みや夏休みには宮崎に帰ってきておりましたが、帰省中も習ったことを勉強して、わからないときには高校の先生に聞きに行ったりして試験をクリアしていきました。卒業するまでは、両親と姉夫婦には非常に助けられました。ですから何が何でも六年で卒業しないとみんなに迷惑をかけると思い、とにかく真剣にやりました。

――そういうお母さんの姿を、子どもさんたちは小さいときから見ていたんですよね。

野﨑――上の子が二歳くらいのときに福岡に行ったんですが、私が六年で卒業したときには下の子が小学校に入る年頃になっていました。春休みや夏休みが終わって、また福岡に戻る時は、必ず母が子どもたちを映画に連れていき、私と離しておくのです。そうしないと後追いしますので。下宿先では、今みたいに携帯電話があるわけでもなく、大家さんの電話を借りることになりますので、なかな

支えとなった２人の子どもたち。
左が長男正太郎さん、右が次男勝宏さん

か家には連絡もできませんでした。アパートに移ってからは電話をつけましたので、子どもたちに電話をかけたりしていました。春休み、夏休みは子どもを福岡に連れてきてあちこち行ったり、それは楽しい思い出として残っています。子どもたちに記憶があるかどうかはわかりませんが。

――同期の学生さんにとっては、野﨑さんはとても印象に残る存在だったでしょうね。

野﨑―― 入ったときは、「おばさん、おばさん」って言うから誰のことかなと思いましたら私のことを呼んでいるみたいでした。だけど、皆さんうちに遊びに来て一緒にお食事したり、「彼女ができたよ、連れてくるね」とか言ったりしてね。私たちは福岡大学医学部の第一期生だったんですが、その頃の仲間たちとは今でも年一回、一緒に旅行に行きます。卒業して三十年になりますが、毎年欠かさずに。

――野﨑さんのお話を伺いますと、ある程度の年齢から資格を取ろうとして迷っている方や、子どもさんを抱えてシングルで頑張っているお母さんは、元気が出ますね。

野﨑―― 今は多いですよ。宮崎大学にもそういう女性がたくさんいらっしゃいます。なんでもやろうと思ったら努力です。若い人たちで何年も浪人している人を見ると、「一年だけ真剣にしたらいいのに」と思うときもあります。長い人生の中のたった一年と考えたらすごく短いんですよね。その間に真剣に打ち込んだらいいのにと思いますが、難しいですね。

福祉事業に夢を描いていた父の理念を受け継ぎ

――医学部を卒業なさって、宮崎に帰ってこられたんですか？

野﨑―― 当時の宮崎医科大学の第一内科に入局しました。しかし二年経ったときに、父がどうしても大学院の博士号を取ってくれと言いました。でな

いつも背中を押してくれた
父、野﨑正氏は、宮崎の福祉の草分け

いと病院には先生がたくさんいらっしゃるのに、「うちの理事長は博士号も持たん」と言われては困る、今のうちにもう一飛びしてこんかいと。子どもは小学校に入っていましたが、大学の研修医ですから朝は早いし帰りは遅い。三日間顔を合わせず「あら、元気だった?」と子どもに言うような調子でしたから、まあいいかと思って大学院に進むことにしました。宮崎大学の大学院に進む道もあったんですが、当時の宮大第一内科の田仲謙次郎先生が、「福岡大学の先生に会うと『野﨑さんどうしていますか?』とよく聞かれるから、あなたは福岡大学の大学院に入りなさい」とおっしゃってくださいまして、母校である福岡大学の大学院に飛行機で毎週通うことになりました。月曜から木曜は福岡、金、土、日は宮崎といった具合に。

――人生のターニングポイントに、必ずお父様の一言がありますね。

野﨑――父には自分がやっている事業を代々続けていきたいという執念のようなものがあったんです。父は税理士だったんですが、福祉事業をしたいという理念のもとに、昭和三十七年に友愛の里という全国に先駆けた病院向けのリネン事業を開始しております。そのときに、高齢者や母子家庭の方、知的障害者の方など社会的弱者の働く場を創出するという理念を掲げました。現在、障がいのある方や高齢者、母子家庭の人たちが健常者と一体となって、病院に清潔な寝具などを提供するリネン事業を行っています。その理念を引き継いで現在に至っております。

――大学院に行かれて、その後は?

野﨑――五十九年に大学院がようやく終わり、三月に博士号の授与式があったんですが、そのとき父は体調を壊して福岡大学に入院しておりました。「お父さん、博士号いただきました」と見せにいきましたら、「これで僕の事業はすべて終わった。じゃあ、手術に行く」と言って小倉記念病院に行き、手術を受けたんですが結局術後死でしょうか、帰らぬ人となってしまいました。もっといろんなことを聞きたかったんですが、心臓だったものですから、「お前には話したいことがたくさんあるが、胸が痛むから手術が終わってからにしてくれ」と言われていました。結局、聞けずじまいです。でも、福祉事業に力を注ぎたいという父の思いを受け継いで、これまでやってきました。二人の子どもたちも、私をずっと見て育ってきましたので、私の後を引き継いでくれるのではないかと思っています。

――突然、お父様の席に座ることになって、一番大変だったのは何ですか？

野﨑――私はもう一回、大学の臨床内科に入ろうと思っていたんですが、その矢先に父が亡くなったものですから、バタバタと後を引き継いで現在に至っています。当時はまだまだ先生方も少なくて、大学の関連病院として何とか繋いでいくという部分がたいへんでした。歳だけは取っていましたが、私はまだ臨床経験も浅いしぺいぺいですので、なかなかうまくいかずに苦労しました。けれどお陰さまで大学の協力もありましたし、職員も家族も一生懸命支えてくれて、みんなでやってきたのが現在です。

医療と介護と福祉が連携した総合福祉を

――さまざまな困難を乗りこえられて、いよいよ理事長としての事業がスタートするわけですね。

野﨑――先ほど申しました画像診断センターを作りまして、今度は青葉中央病院を移転しなければなりませんでした。今の野﨑東病院の前身ですが、村角地区に平成六年に移転し、介護老人保健施設を併設しました。今は県内に四十三の老健施設がありますが、当時はうちが二番目か三番目だったと思います。

スポーツ選手のケアを専門とした野崎東病院のアスレティックリハビリテーションセンター

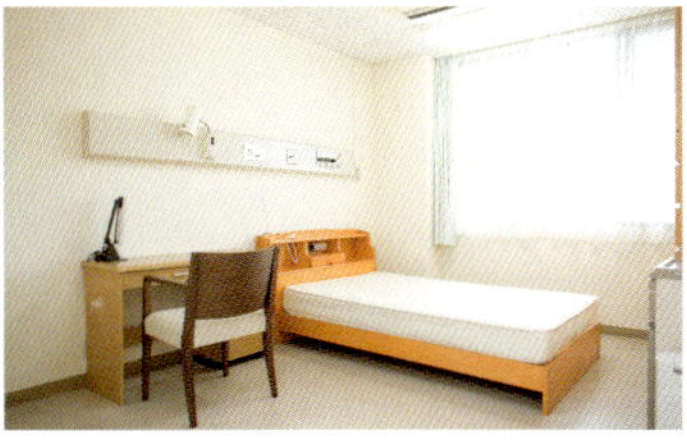

ストレスケア病棟の特別療養環境室

――病院を退院した後、どこでどういうケアを受けたらいいのか、昔はとても難しかったですね。

野﨑――今でも、病院を退院したものの介護が必要な場合、どうしていいかわからないという方がたくさんいらっしゃるんです。県や市町村では、介護保険制度について分かっていただくために、地域包括支援センターを各地域に設けています。うちも大宮東地区の地域包括支援センターの委託を受けております。地域包括支援センターに行けば、ケースワーカーやケアマネジャー、保健師さんもいらっしゃるので、それぞれに一番いい方法を考え相談に乗ってくれます。高齢化社会には、医療なき介護はないし、介護なき医療もないんです。どうしても連携が必要だと、私は常々思っておりました。

――各病院とも、いろんな取り組みをしていらっしゃってユニークですね。ストレスを軽減するための外来もあるんですね。

野﨑――昔は統合失調症はほとんど精神科に入院していたんですが、今ではよく効くお薬もありますので外来治療で十分です。そのかわり、うつ病やストレスを抱える人たちが多くなりつつありまして、物忘れ外来やストレス外来などに少しずつシフトしてきております。また、野﨑東病院の整形外科にはスポーツ整形がございまして、アスレティックリハビリセンターを立ち上げました。スポーツ障害のある方が手術をした後にそこでリハビリをしますと、ほとんど一〇〇パーセントの方がまた復帰なさいます。体育館のようになっていて、たとえば球技選手の方は球技をやりながらリハビリができるんです。高校生や中学生も多く、スポーツ外来としてたくさんの方に来ていただいています。また泌尿器科では、体外衝撃波を使って手術することなく腎臓の結石を治療することができ、これも皆

医療と介護が連携した福祉ゾーン。「のざきクリニック」と「ふじ野園」

明るい空間でのびやかに過ごせる小規模多機能ホーム「ゆらり芳土」

さんご利用いただいております。

——いろいろ取り組んでおられますが、これから何か新しいアイデアはありますか？

野崎—— 南部に野崎病院、東部に野崎東病院とシルバーケアのための老健施設がありますから、次は真ん中の市街地に複合施設を考えています。医療と介護と福祉が連携した総合の福祉ゾーンとして作り上げる構想で、今はまだ夢の段階です。地域の皆様、それに職員みんなと協力し合いながら、夢から現実にしていきたいというのが、私の、そして父の思いです。こういった複合施設は、今までは割と田舎に多く建っていましたが、これからはやはり街中に展開していきたい。気軽にお買い物に行ったり、美味しいものを食べに出かけたりできるところがいいなと思います。

——お父様やご家族の皆様、そして職員の皆様とのつながりを大切になさっているんですね。

野崎—— 父から引き継ぎ、ここまでこれたのも、皆様のお陰と感謝の毎日ではございますが、職員一人ひとりがお互いを大切にしながら、これからも医療と介護と福祉に取り組んでまいりたいと思っています。

（二〇〇九年七月十九日放送）

その後…

市街地に医療と介護の施設をという夢を叶え、二〇一〇年、「のざきクリニック」と「ふじ野園」を宮崎駅東に開設。一二年には弘潤会創立五十周年をむかえた。リネン類のクリーニングなどを行なう「友愛の里」は一四年、障害者雇用優良事業所として厚生労働大臣表彰を受けた。地域の人のために困っている人のためにという父親の理念を引き継ぎ、前進を続けている。

父から引き継いだ福祉事業の夢を、
今、少しずつカタチに

長谷川 二郎　南九州大学 学長

苔の研究を通して学問を考える

はせがわ じろう

1947（昭和22）年、広島県生まれ。71年、鹿児島大学農学部卒業、80年、京都大学大学院農学研究科博士課程修了。京都大学教養部、総合人間学部非常勤講師を経て、95年、南九州大学園芸学部助教授、96年、同教授。2009年、南九州大学学長就任。

南九州大学

1967年、園芸学部園芸学科・造園学科開学。99年、大学院園芸学・食品科学研究科開設。2002年、環境造園学部を設置。03年、健康栄養学部を設置。10年、人間発達学部を開設。現在、3学部4学科、大学院2学科編成、宮崎・都城・高鍋3キャンパスがある。

世界最高峰の研究機関と肩を並べる日南・服部植物研究所

――苔の研究を始められて四十年以上という苔博士でいらっしゃいますが、苔といいますと、日南に苔の研究所がありますね。

長谷川―― 日南の飫肥に服部植物研究所があります。植物の分類などをやっている人ならほとんどの人が知っているし、日本および世界の苔の研究者で知らない人はいないという研究所です。昔はアメリカやイギリス、世界中から研究者がやってきて、服部植物研究所に長期滞在して苔の研究をしていました。私は大学院が京都だったんですが、苔の調査のために日本中あっちこっち歩き回りました。その中でも屋久島にはよく苔の調査に行きましたが、京都へ帰る途中に服部植物研究所によく立ち寄ったんです。研究所の所長さんは服部新佐《しんすけ》先生でしたが、苔のことをいろいろ教えてもらい、苔研究の奥深さに触れさせていただきました。私が南九州大学にくることになったのにはいろんな事情があるんですが、「服部植物研究所が近くにあるから」というのも大きな要因でした。

――服部植物研究所の苔の標本というのはすごいんですってね。

長谷川―― そうですね。植物も動物も、分類をやっている人にとってどういう標本をどんなふうに利用できるかというのは、研究を進めていく上で決定的に重要なんです。服部植物研究所は苔が専門なんですが、標本の数の多さだけではなく、タイプ標本の数がすごく多いということが重要なんです。タイプ標本というのは、分類学上、新種を発表する際の基準となる標本のことです。新種を発表するときには必ず、その新種のもとになった標本をきちんとつくって、それを永久保存しなくてはなりません。それをやらないと新種として発表しても認められないのです。私も何種類か新種を発表しています

日南市にある服部植物研究所

が、その新種の基になった苔は標本として保存しています。それがタイプ標本です。

——世界的にも服部植物研究所は知られているんですね。

長谷川——わかりやすい例を話しますと、例えば苔についての研究結果を論文で発表するとき、その研究のために使用したたくさんの標本の一つひとつがどこに保管されているかを論文中に明記しなければならないことになっています。それぞれの研究機関の植物標本庫、専門的にはハーバリウムと言っているんですが、それぞれのハーバリウムにはコード記号があるんです。例えば大英博物館はブリティッシュミュージアムですからＢＭと書きます。ニューヨーク植物園の標本を使った場合はＮＹとなります。それらと同じように、服部植物研究所の植物標本を使った場合はＮＩＣＨと記されます。そのコード記号は所在地の日南に由来しており、服部植物研究所は世界最高峰の大英博物館やニューヨークの植物園などと同じような機能を果たしているんです。だから、もっと宮崎の人も郷里にそんな立派な研究所があるということをわかっていただきたいんです。

原始的なりに苔らしいやり方で繁栄

——植物はわかっているだけで三十万種類ですよね。苔は世界中にどのくらいあるんですか？

長谷川——おおよそのところで今、一万八千種と言われています。草や木など被子植物のほうが、苔よりはやはり種類数は多いし、地球上に占めている面積の割合も多い。苔というのは原始的な植物で、今はもう衰退して細々と生きているのではないかと考える方がいらっしゃいます。確かに苔は原始的な特徴をたくさん持っていますが、といって衰退しているということではなくて、この地球環境の中で苔らしいやり方で繁栄しているのだと思います。種類としては三十万種のうちの一万八千種というのは、結構多いと考えてもいいかなと思います。

――被子植物という言葉を久しぶりに聞きました。苔はどういう植物なんですか？

長谷川―― 昔、私たちが習った理科や生物では、植物は花が咲く顕花植物と花が咲かない隠花植物に分類していました。その頃は、苔は花が咲かないから隠花植物で、草や木は花が咲くので顕花植物としていました。しかし今は、顕花植物は被子植物と裸子植物と言います。隠花植物は、シダ植物、コケ植物、緑藻植物や褐藻植物などに分類されています。

――庭の隅っこなど湿り気の多いところに、よく緑色の綺麗な苔を見ることがあるんですが、苔って大きくいくつに分けられるんですか？

長谷川―― コケ植物は別名蘚苔《せんたい》類という言い方をします。蘚類（スギゴケ類）の仲間と苔類（ゼニゴケ類）の仲間があるので合わせて蘚苔類と言います。さらにもう一つ、ツノゴケ類という仲間もありますから、正確に言えば苔は、蘚類と苔類とツノゴケ類という三つのグループから成り立っているということになります。このツノゴケというのが私の研究の中心になっています。三つのグループのうち、蘚類が世界で約一万、苔類が約八千、合わせて一万八千種。日本では大まかに蘚類が千、苔類が八百。ではツノゴケ類はというと、調べ尽くされていないのでわからないところもあるんですが、日本では十七種。世界でも百種から二百種の間だろうと言われています。ツノゴケ類というのは本当に小さなグループということになります。

――長谷川さんはツノゴケでは世界的な研究者でいらっしゃいますが、ツノゴケのどういうところが面白いんですか？

長谷川―― ツノゴケは日本では十七種しかないんですが、原始的な特徴をたくさん持っているんです。植物の研究者としての大きなテーマに、植物の進化とい

【植物の分類】

- 植物
  - 種子植物
    - 被子植物
    - 裸子植物
  - シダ植物
  - コケ植物
    - 蘚類（スギゴケ類）
    - 苔類（ゼニゴケ類）
    - ツノゴケ類
  - 藻類

うのがあります。被子植物も裸子植物も羊歯も苔も、昔から今のようにあったわけではなくて、五億年くらいの時間をかけてこの陸上で進化して、今の状態があるんです。植物も最初は海の中で発生して、海の中で長い時間をかけていろんな形に進化して、今から五億年くらい前に陸上にあがってきたと考えられています。最初に陸上にあがってきた植物は何かというのは植物を研究している人にとっては非常に重要な問題なんですが、ツノゴケというのはひょっとしたら最初に陸上にあがってきた植物に近いのではないかということです。私としてはツノゴケの分類で新種を見つけるということと同時に、海から陸に植物が進出してくるときに一体何が起こったのかという魅力的なテーマに、ツノゴケをやっていたおかげで自然に取り組んでいくことができました。

山歩き、探検好きから、コケ研究の道へ

――長谷川さんは東京の高校を卒業されて、大学は鹿児島へ。これは何かお考えがあって……。

長谷川―― 広島の田舎で生まれ育ち、中学のときに東京に移って高校まで過ごしました。高校時代に山岳部に入っていて、大学は学問や研究よりも、山岳部や探検部に入ってあちこちを歩き回ることができる大学がいいと思っていたんです。当時は、国立大学というのは一期校と二期校に分かれて二回受けられたんですね。京都大学は学士山岳会や探検部が活躍していたので行きたいと思ったのですが、残念ながら落ちてしまいました。親の教育方針は、絶対に浪人はさせないということだったので、二期校として受験できるところを探していた時に、鹿児島大学農学部に亜熱帯樹木林学の世界的権威の先生がおられるということで、「そこに行けば熱帯のジャングルを歩き回れるのではないだろうか」と単純に考えたんですね。今でも思い出しますが、それまで鹿児島なんて一回も行ったことはない。

コケ植物の中では小さなグループながら、
研究者にとって魅力に富んだツノゴケ

列車に乗って、最後は夜行列車でした。そして朝、鹿児島に着いたんですが、そしたら桜島が目の前にあって、「ああ、鹿児島にやってきたな」と実感しました。

――鹿児島で亜熱帯樹木林学を勉強なさったんですか？

長谷川――鹿児島大学では植物の研究をやることになりました。卒業論文は奄美大島の天然林の植物群落の研究というテーマで、奄美大島に行って調査したりしましたが、熱帯のジャングルを歩き回るというところまでは行かなかったですね。

――でもまだ苔が出てきませんが、苔との出会いはその先ですか？

長谷川――鹿児島大学で森林の調査などをやっているときは、苔のことなんて全く自分の中にはなかったですね。大学を卒業するとき、もう少し勉強したいと先生に相談したら、京都大学大学院に行けということでした。そのときもまさか苔の研究をやることになるとは全然思っていませんでした。京都大学の私の所属した研究室は非常にユニークで、先生に「研究テーマはどうしましょうか？」と聞くと、「まあ、自然の中には面白いことがいくらでもあるから、しばらくは山に行くとか、自然の中を歩き回ってみなさい。面白いと思ったら、それを研究テーマにすればいいのではないのですか？」と言われたんです。「ああ、そういうものなのだ」と思っていろいろ外を歩き回ったのですが、なかなか面白いテーマって見つからない。ただ、そこの研究室はキノコをやっている人が多かったので、先輩たちと一緒に自然の中を歩いていると、自然にキノコに目がいくのです。そんななか、あまり人が注目しないような、本当に小さくて目立たない名前もわからないキノコがあり、それをさらに見ていると、そういうキノコは苔の生えているところからしか出てこないということに気がつきました。

――そこから苔の研究の方へ？

長谷川――先生に「こういうキノコがあって、あれは苔の中からしか出てこないようなんですが、そのキノコと苔って何か特別な関係があるんでしょうか」という話をしたら、「いや、そんなこと誰も調べていないし、わかっていない。興味があるんだったら研究してみたらどうか？」と言われました。キノコに関してはわかっている人が周りにいるけれども、苔のことは誰も知らない。まずは苔の研究をしてみようと思いました。でも、そのときはキノコと苔の関係がどうなっているのかを調べるためだったんです。ところが苔のことを調べようと思ったら、誰かに教えてもらわないとわからない。京都大学に週一回、非常勤で教えに来られる苔専門の先生がいらしたんです。非常にいい先生で、私は毎週、自分が調べた苔を持って行っていろんなことを教えてもらいました。その先生とはものすごく相性がよかったというか、夕方授業が終わった後に苔のことを教えてもらって、その後いつも「長谷川さん、今から一杯行きましょう」と誘ってくださる。毎週、先生と飲みに行っては、苔のことばかり話していました。それで苔ってこんなに面白い、自分も研究してみようと思いました。その先生に出会っていなかったら、今、苔をやっていなかったかもしれないですね。

二十年のオーバードクターの末、南九州大学へ

――森山良子さんの「思い出のグリーングラス」が思い出の曲だと伺いました。どんな思い出が。

長谷川――　苔の研究を始めて大学院で博士号も取って、生涯ずっと研究者として生きていこうと思っていたんですが、苔みたいな目立たないことをやっていると就職がないんです。学位を取ったけれども大学で研究を続けているいわゆるオーバードクターという言葉がありますが、私は実はオーバードクターを二十年近くやっているんです。ちゃんとした職についたのは四十七歳で、四十五歳を過ぎ

研究のきっかけとなった、苔の中から出てくるキノコ

た頃から周りの人がいろいろ心配してくれて、「いつまでもこんなことをしていたら大変なので、どこかに就職して、暇なときに苔の研究をやるということも考えたらどうですか?」というようなことを言われたんです。でも私は苔の研究をやるんだったら、第一線でやりたいという思いは変わらなかったので、頑張れるところまで頑張って、もうここまでと思ったときには田舎に帰って、苔とは関係ない仕事でもしようと思ったんです。「田舎に帰ったら何かあるんですか?」、「何にもないけれど」というような会話の中で浮かんだのが、この「思い出のグリーングラス」という曲だったんです。故郷に帰った自分を、お父さんやお母さん、昔の友達が温かく迎えてくれるという歌なんです。それが胸にジーンと染みてきて、よくその頃口ずさんでいました。そんなことを思っていたときに、南九州大学に来ないかと誘っていただいたんです。

――研究者になる喜び、研究者になる魅力ってどんなところですか?

長谷川――研究をやりたいと思ってみなさん研究者になっているわけですが、そのバックにある思いはいろいろだと思うんです。もっと社会にとって役に立つものを発見し、社会に貢献したいという人もいるだろうし、将来ノーベル賞を取れるような研究をしたいと思う人もいるのではないでしょうか。研究への入り方は、いろいろあってもいいと思うんです。ただ私の場合は、これも一つの研究者の形かもしれないと思うのですが、それが何かの役に立つかどうかということはひとまず置いといて、それについてもっとよく知りたいと思ったからで、それは人間の自然な欲求だと思います。やっぱりそこに苔があって、一体これは何なのだろうかと思ったとき、それが役に立つかどうかは学問とはまた別のことだと思うのです。学問とはそういうものではないかと考えながらやってきました。

山形県朝日連峰での苔調査

40年の歴史を生かして、人間として育つ場に

——学長になられて、どんな大学にしていきたいと思われていますか。

長谷川——ひとつは宮崎の産業や文化を発展させていくために必要な人材を育てていくこと。もうひとつは、自然が豊かで農業が盛んな地域にある大学という特色を生かして、首都圏、大都市圏の大学にはできないことをやっていくこと。地方の小規模大学はどこも、維持・発展させていくのがとても難しい時代です。しかし南九州大学は面白い面をたくさん持っていますので、その特色をさらに充実・発展させていけば他にはない特色のある大学にしていけると思います。たとえば環境園芸学部は、八〇パーセントが県外からの学生です。単に園芸に関する研究やカリキュラムがあるということだけでなく、宮崎の空気や社会の中で学生生活を送るということが重要な要素になっています。農学部なら全国各地にありますが、園芸を中心にした学部は非常に少ない。さらにその中でも造園部門というのはあまり他にはない教育研究分野です。造園というのはより快適な人間の生活空間を作るということですから、庭造りの方に進む学生もいれば、公園や都市緑化などの方に進む子もいます。さらに公的機関や環境関係の会社で豊かな自然を保全することを目指している学生もいます。

——他にも新しい学部学科が加わってきていますよね。

長谷川——今の時代には、地域が安定的に成熟した社会を維持していくために地域で活躍する人材が求められています。たとえば健康栄養学部の管理栄養学科。県内唯一の管理栄養士の養成施設として、県民の健康を栄養の面から支えていく人材を育てています。一番新しい人間発達学部子ども教育学科は、小学校教員、幼稚園の先生、保育士の養成を目的としていますが、これまでの教員養成系の大学とは違った人材を育てられるのではないかと思っています。というのも、南九州大学は園芸や造

園の分野を出発点としてきましたので、割とおおらかで純粋な学生気質ができてきている気がします。外部の方からも、礼儀正しい学生が多いとよく言われます。それは宮崎の豊かな自然や地域社会の雰囲気が影響しているでしょうし、また農業高校出身の学生が多かったこともあると思います。四十数年の歴史が培ってきた校風を生かして、今の教育現場で求められる人間性を育てていきたいと思っています。

――これからどんな学生を育てて行きたいですか?

長谷川―― 私たちの学生時代は、大学生といえばこれからの日本を豊かにするための担い手として期待されていました。ですので少々常識外れなことをやっても「学生さんだから」と大目にみてくれました。しかし高校卒業者の半分が大学に進学する現在は、キャリア教育が重視されてきています。社会でどう自分の能力を生かしていくかを意識しながら大学生活を送らないといけません。しかし、それが単なる職業訓練になってしまっては大学の意味がないと思うんです。キャリアを意識しながらも、人間とは、自分とは一体何なのか、生きるとはどういうことか、世界は今どう動いているかなどを自分なりに勉強し、人間として大きくなってほしい。それが人生を豊かにすると思います。今でも学生時代というのは、自分のやりたいことを自由にやれる時間と環境のあるとき。無駄にしないでほしいと思っています。

(二〇一一年十月三十日放送)

その後…

グローバル化の中、ベトナムの農業地帯ナムディン省からの農業食品関係の人材育成をという要請に応え、積極的に留学生を受け入れることに。東南アジアとの交流が、宮崎県の地域創生にもつながると期待されている。苔の分野では、環境省の苔の絶滅危惧種選定委員としてレッドデータブック改訂版の作成に携わる。

地方の大学ならではの特色を生かして、
都市部ではできない研究・人材育成をめざす

日高　晃　株式会社日高時計本店　代表取締役社長

決意と勇気をもって
世界に通じる地域創造へ

ひだか　あきら

1952（昭和27）年、串間市生まれ。宮崎県立大宮高等学校卒業、中央大学経済学部卒業。74年、父親の経営する株式会社日高時計本店入社。79年より同代表取締役社長。会社経営の傍ら、まちづくりや文化・芸術振興活動にも尽力する。

株式会社日高時計本店

世界の一流ジュエリーや高級腕時計を扱う。1949年、串間市で創業。58年、株式会社日高時計店を設立。64年、宮崎市大工町に営業所を開設。66年、本店を宮崎市に移設。69年、商号を現社名に変更。96年、日高本店プロショップオープン。

シベリア抑留、引き揚げ、苦労した父母に育てられ

――時計屋さんって昔は町ごとにあって、柱時計を買いに行くとか、就職のときは腕時計を買いに行くとか、大事にしていましたよね。最近、そんな時計専門店が少なくなっていますね。

日高――　時代のニーズが変化してきているんです。その変化にどう対応してきたかというのが今の結果だと思いますし、これからも大きな難局があるだろうと思います。

――一流ブランドの時計がずらりと並ぶプロショップは、時計の歴史が感じられますね。

日高――　一流ブランドはみんな信念を持っているんです。時計のあり方とか、どういうものを俺だったら作るんだとか、どういう世界観を表現するんだとか、自己主張がはっきりしています。そこを比較すると大変おもしろい。そこからお客様も自分のライフスタイルに合ったもの、マッチングするものを選んでいく。それを手に入れる喜びが、お店にいると伝わってくるんです。

――日高時計本店は、お父様の代にスタートしたそうですね。

日高――　シベリア抑留から父が帰国したのが昭和二十四年の八月。父は串間の農家の生まれですが、父親が三十歳で亡くなりましたので、父親の弟だった叔父夫婦に育てられたんです。それで、早く家を出たいという思いがあったんでしょう、十四歳で高等小学校を卒業してすぐに、久留米にある親戚の時計屋さんに居候という形で行くわけです。本人としては機関士になりたかったみたいですが、色弱が理由で採用されなかった。そうこうするうちに、北九州の時計店に就職して、十九歳で店の責任者になったと聞いています。それから軍役でハルピンに二年間行くんですが、その後もハルピンに残って、百貨店みたいなところの時計の小売りの責任者をやっていたそうです。

――激動の時代ですからね。ソ連軍の侵攻ではずいぶんご苦労もあったでしょうね。

日高――　仕事も安定して一度ふるさとに母をつれて帰り、ふたたびハルピンに行って長女が生まれた。終戦一週間前にソ連の参戦があって、また現地で入隊する。そこで親父は〝蛸壺〟と呼ばれる穴の中に入って、敵の戦車が来ると一緒に自爆するという作戦に参加していました。それが八月十五日に終戦になり、命が繋がったということで今の私がいるわけです。ただ、武装解除するときも、自分から武器を差し出したのに、ロシア兵が勘違いしてかバンバンと撃ってきて亡くなったり、言葉が通じなくて不幸な死を遂げた人もいっぱいいたということです。

――それからお父さんはシベリアに抑留されるんですか。

日高――　敗戦で捕虜になって収容所に行って、一種の奴隷ですよね。シベリアでの生活は、極寒、食糧も十分行き渡らず栄養失調、そして赤痢が蔓延して、生き残ったのは半分と言っておりました。当然、帰られた人たちもいろんな病気を抱えて帰られたわけで、うちの親父も糖尿、心筋梗塞、いろんな病気があり、健康に問題を抱えておりました。お酒を飲むとシベリアでのことを僕によく喋っておりました。同じことを何べんも話して、そのうち寝てしまう。よっぽどあの頃を忘れてはいけないという思いがあったんでしょうね。逆にうちのおふくろは満州の話はしたがらないですね。

――お母様も大変な思いをして引き揚げてこられたんですね。

日高――　男の格好をして長女を抱えて、一年近くかかってやっと故郷に帰ったということです。親父はシベリアに行ってしまって、おふくろにとっては非常に不安だったでしょうね。

串間市でスタートした父の時計屋

――物心付いた頃、お父さんのご商売ってどんなふうでしたか？

日高――　四年後、父はなんとか帰ってきて、土木作業などをしながら串間市中心部の貸家で時計の修理を始めた。日高時計本店のささやかなスタートでした。当時、柱時計というのは結構高くて、各家に一週間ずつ貸し出すということをやったそうです。すると一家に一台なくてはならないという感じになって、繁盛しました。昭和三十年ぐらいには、大阪に店を出しましたが、二年で店長さんが結核になって撤退したので、真の進出とはならなかった。そうこうするうちに、親父が宮崎市内に入院し、昭和三十九年に宮崎市の大工町に出張所をつくり四十一年に今の交差点角に日高時計本店ができました。ちょうど東京オリンピック後で社会が非常に高揚していたときですね。しかし、お店だけではうまくいきませんので、やはりセールス活動をしながら総合的に商売をしたということです。

――自分が継がなくてはという思いがありましたか?

日高―― 親父が体が弱かったのと、私はプラモデルなど物をいじるのが大好きで、小学生の頃は置き時計や掛け時計の修理を覚えたりしました。ゼンマイをグルッと巻いたら、それがバンとほどけて顔に当たったり、痛い思いを何度もしましたけど。中学生になると腕時計の修理を学んで、修理ができれば跡継ぎはできるだろうと子どもなりに理解していたんですね。それを見てか親父がやる気になって、社員を増やしていくわけです。小心者で人前に出たらあがって喋れない自分が、社員を相手にするなどできるだろうかと、高校生ながら不安と葛藤を抱えておりました。一方ではジャズが好きでしたからね。

――音楽も好きな少年だったわけですが、その後、大学へ。

日高―― 中央大学に行きました。大学闘争の終わりかけの頃ですが、神田開放地区という広いバリケードがあって学生が仕切っていました。試験もロックアウトされて、リポート提出でした。その頃はバンドをやっていて、武道館の後ろのほうで練習していました。それに神田には五百四十軒も古本屋があって、大学四年間で千

昭和24年、開店当時の日高時計店。
串間市中心部の貸家から始まった

五百冊ぐらい読んだのではないでしょうか。自分を守るために本当に正しいことなのかということを考えておかないといけない。そういった意味で必死に本を読んでいました。それで考え方とか生き方とか、こうありたいと思う基礎が出来たような感じがします。

もっとも大変な時期に社長に。会社を作り直す

――帰って来られてすぐお店に入られたんですか？

日高――はい、親父が待っていましたので。お前のためにセールス会社を創ったと言われました。「部下が五人、まずはお前がトップセールスでないと人はついてこないぞ」と。

――試練を与えられたわけですね。どうでしたか、うまくいきましたか？

日高――いろんな業種が集まって県内の職域販売に回るキャラバン隊があったんですが、その仲間に入れてもらいました。コピー機をリースして、それぞれの店のセールス内容やポイントを作り、朝七時半に販売会場の門の前に行き、それを配りました。九時からは売り場づくりを始めるんですが、みんなは手際よく三十分ぐらいで終わる。しかし僕は二時間かかるんです。オメガをはじめ高級な時計を売るんですから、やっぱりいい雰囲気でやらないとと、照明を借りたりしながら売り場を作りました。今の商売の基本は、ここで学んだような気がします。どのようにして時計をそれらしくするのか、お客様に顔を覚えてもらうのか、そのためのお店づくり。お客様との縁を育てる〝縁育〟ということも。

――それでキャラバンの成績もよくなりましたか？

日高――二、三年目でトップになったところで、お店のほうに異動になりしばらくして社長になりました。親父は常に「お前のために」と言っていろんなことをやって

各種フェアやコンサートなど、
年間で様々な企画に取り組んでいる

いました。昭和四十八年から四十九年に、寿屋、ダイエー、ジャスコができ、うちもそれぞれお店を出しました。その上、本店のほうも昭和五十四年に新しいビルになったのを機に全部やり変えて、かなりの負債を抱えてしまったんです。それで、本店しか利益がなく他は赤字という状態になって、再建しないといけないということになりました。親父は口を出さずに息子にみんな任せるという条件で、問屋さんと銀行に理解してもらいました。売上が六億前後のお店が四億まで下がり、社員も四十人が十三人になった。それでも本店だけで全体の八割の利益があるわけだから、やれないことはないだろうと再建に踏み切りました。

――赤字が出てきて大変な時期に、どのような手を打たれたんですか？

日高――やり方を変えようということになりました。しかし手元には全然金がない。問屋さんから商品を借りて、利益を出して銀行に返済するという形を取ったんですが、借りるものの中に新製品が何もないんです。それでは売れるはずがない。自分たちで企画してフェアをすることにしました。新製品や一品ものを混ぜながら魅力ある展示会を毎月やる。すると三日間のフェアで半月分の売上げがあがる。売れる仕掛けと儲かる仕組みを作って、それをどう仕込むか、この三つを考えて今のスタイルが確立しました。逆境がいろんな試練を与えるんだけども、それを乗り越えていろんなヒントやノウハウが生まれるんですね。逆境が人を作るということを学びました。

「豊かさ」と「美学」をキャッチフレーズに

――そして、次の展開へと動き始めるんですね。

日高――自分が二代目として店を残せたという安心と、残った社員に対しては職場環境をよくしたいという思いで完全週休二日制や育児休業なども実現しました。だけど肝心の僕自身、どういう信念を持ってこの仕事をやったらいいのか迷いがありました。そこで、ニューヨークや、シカゴ、ストックホルム、パリ、フィレンツェなど世界中を回るようになりました。世界各国を旅しながら、ニューヨークのティファニーではこういうディスプレイをしているとか、こういう接待、応対をしているということを学びました。スイスでは、時計のデザインには社会的背景が影響しているので、時計のほか絵や音楽、歴史や民俗などいろんなことを勉強しました。そうこうするうちに海外のオーナーがうちの店を訪れてくれたりという交流が生まれました。それで、やはり自分の店は地域に根ざしつつ世界に通じるお店の役割を果たさないといけないという自覚ができました。

——商売をどう続けていったらいいかということを見つけたんですね。

日高——信念が持てるかどうかがカギだったんです。僕という人間は、やる理由を見つけると突進するタイプ。我々がご紹介する商品というのは、結局はその地域の考え方が暗号化され、製品としてデザインとして凝縮されている。それを手に入れると、お客様もその背景を知ることになる。すると、〝されど時計〟というような形で自分のライフ・スタイルを自覚するようになって、生活が豊かになっていく。暮らしの中の本当の豊かさ、美学を持てる。豊かさと美学、この二つが商売をやる上でのひとつのキャッチ・フレーズになっています。

——二代目の社長ってちょっと楽なイメージがあったんですけど、反対ですね。

日高——やっぱり跡を継ぐのは大変ですよ、みんな。うちも二億六千万の債務があったわけで、それを六、七年で返済しきった。利益が出るようになってからも七年間は月給十七万円で過ごしました。そういった意味で私は親父の会社を買ったと考えたんです。ですから自分はきちんと、第二創業者宣言をしようと思いました。

——海外に行って学んだことが、今の活動のベースですね。

日髙——　各地域、いろんなオーナーやデザイナー、工場の人がいます。新製品が出ましたと華やかに言っても、製造現場は油にまみれたローテクです。僕は現場に行き、自分の目で自分なりにセレクトした商品をお店に並べています。

ジャズのスピリットをまちづくりにも

——ニューヨークでジャズと出会い、四月三十日には毎年、宮崎インターナショナルジャズデイをなさっているんですね。

日髙——　二〇一一年四月にハービー・ハンコックさんがユネスコの親善大使アンバサダーになりました。アンバサダーというのは平和という文化を伝える役割なんですが、ハンコックさんはユネスコに、ジャズが果たしてきた役割の評価を求めて、ジャズデイを提案したんです。これがユネスコ総会で認められ、四月三十日をジャズデイとして世界中で祝うことになりました。現在は百三十カ国で開催しています。

——日髙さんにとってジャズとはどういうものなんですか？

日髙——　ジャズの歴史を辿ると、十六世紀から十八世紀の間に、一千万人がアフリカから奴隷としてアメリカ大陸へ連れてこられる。そこからアメリカでブルースやゴスペルが生まれ、ジャズ、即興音楽も出てきました。即興というのはすごく訓練しないとできないんです。そういう創造性に満ちたやり方が世界に広がっていった。一方、差別や隔離政策などいろんな社会の壁があったんですが、キング牧師は「ジャズは人生を語る」と言っています。ジャズは単なる演奏スタイルではなく、自由を意味するということを知ってほしい。宮崎では次世代に繋いでいきたいと思い小学校の吹奏楽部にも

日髙時計本店にて。海外で学び、現場で自分の目でセレクトしたものを並べる

参加してもらっています。「最低十年は続けます」と子どもたちの前で言いました。子どもたちが二十歳を過ぎてどういう子どもたちになっているかをイメージして。ジャズ、即興というのは、自発的な思いをどう表現するかという意味でも素晴らしい手段なんです。子どもたちが将来に対する希望や自尊心を高めると、たとえミュージシャンにならなくても、いろんな職業において困難なときに希望を持って切り開くことができる。一つの文化として根付いて、そういうスピリットを感じながら生きてほしいなと思っているんです。

――じゃあ、頑張らないといけませんね。

日髙――　頑張り抜きます。一人ひとりを繋いで、一つの市民活動、一つのムーブメントとして育て、みんなが自慢できるように。

――その思いは、まちづくりにも生きているんですね。

日髙――　まちづくりについては、商店街の青年部活動として長年やってきたことです。今のアーケードになるときにも、人にやさしいまちづくりをやろうということで花壇を設け、十メートルおきに座れるようにしました。道の中でも語らいができ、疲れた人も腰を下ろせる。今では市民の皆さんと一緒に花の植栽や手入れをしています。

――そして、綾の森を守る活動へとつながるんですね。

日髙――　宮崎もいいが、綾の森もすばらしい。綾で国際シンポジウムを開きたいと思いスイスの時計メーカーのオーデマ・ピゲ財団に相談し、二〇〇二年に「照葉の森へ」というイベントを行いました。そこで綾の森を世界遺産にしようという会が発足しました。十三万五千人分の署名を環境省に提出し、町の努力もあって二〇一二年にエコ・パークに登録認定されました。市民活動がしっかり応援団

オーデマ・ピゲ財団理事長の
ジャスミン・オーデマ氏と。綾の森にて

になることによって、十年目でここまで辿り着けた。こういう力が宮崎にはあるんです。市民のムーブメントを一つひとつ繋ぎ合わせて、素晴らしい宮崎をつくっていきたいというのが私の願いです。

――日高時計本店の社長として厳しい局面も乗り越えてここまで来られました。自分のところの商売がうまくいっているからそれでいい、ではなくて、まちづくり、さらには宮崎全体をどう考えたらいいかということまで活動が広がっていますよね。

日高――　それはたぶん僕だけではなく、みんな感じていることだと思います。宮崎がよくならないと自分たちもよくなれない、お互いに関係があるんだと。特に企業というのは法人という人格を持っています。日高本店も宮崎という風土が育んでくれたんです。我々はこれからどのように宮崎という地域に向き合い、どのように取り組んで活動したらいいのか、常に企業市民としての人格が問われる時代になってきたんじゃないでしょうか。宮崎に日高本店があってよかったという存在になりたい。そのためには社会と一体となってやる。今から日本もいろんな変化が起こります。我々はその大きな変化にどのように向き合いながら乗り越えていくのか、決意と勇気を持って脱皮していかないといけません。ですからやっぱり力を合わせながら、みんなで前向きにやっていくことが大事でしょうね。

（二〇一三年四月二十八日放送）

まちづくりの一環として
花壇を設ける橘通4丁目

その後…

二〇一四年十一月に最高級時計ブランド「ブレゲ」と「ブランパン」の九州最大の売り場を日高本店プロショップ内にオープンさせた。世界の貴重で数少ないラグジュアリーブランドを扱う時計店として、ファッション誌などを通して宮崎から全国へと発信。全国そして海外からの顧客を視野に挑戦を続けている。

人生のターニングポイントを楽しむ

松永　裕文

フェニックスリゾート株式会社　代表取締役社長

まつなが　ひろふみ

1962（昭和37）年、福岡市生まれ。西南学院大学文学部卒業後、青木建設に入社。海外でのホテル投資やアセット・マネジメント経験を経て、2009年よりフェニックスリゾート株式会社取締役CFO、13年4月より代表取締役社長に就任。

フェニックス・シーガイア・リゾート

フェニックスリゾート株式会社が運営する。ホテルや国際コンベンションセンター、ゴルフ場、温泉、スパ、アクティビティ、レストラン＆ショップなどを備えた総合リゾートエリア。

前向きに、長い目で、それぞれのターニングポイントに向き合う

――社長に就任なさって一年が過ぎました。売上が百億円を超えたということで、シーガイアの二十年をふりかえると、宮崎県民としてうれしいニュースですよね。

松永――　多くのお客様にお越しいただいています。口蹄疫や新燃岳噴火で厳しい状況でした。ようやくダメージから回復してきたのではないかと感じています。

――フェニックス・シーガイア・リゾート（以下、シーガイア）ほどの大きな施設は、日本では珍しいのではないですか？　五年前、宮崎に赴任されて、どんな印象でしたか？

松永――　この広大さ、黒松林の緑の力強さに感動しました。会議場やゴルフ場などすべての施設が一つの場所に集中しているリゾートというのは日本では、他にないと思います。世界でもなかなか比較するリゾートというのは少ないのではないでしょうか。南北約十一キロ、約七百ヘクタールの広大な黒松林に囲まれたエリアに、全体で二千名を超える方が一度に宿泊できる。レストランも含めると年間七十万人超の方にご利用いただいています。

――松永さんのキャリアを拝見しますと、海外経験も豊富で、いろんな会社にヘッドハンティングされてそれぞれの要職に就いていらっしゃる。

松永――　市場環境の良し悪しが影響したり、支えてくれる上司や仲間がいたことで、これまでのターニングポイントに出会えたのではないかと考えています。

――変化するというのは怖いと思うんですが、ターニングポイントをいい方向に持っていく、そのためには何が大切なんでしょうか？

広大な松林の中に、あらゆる施設が集中した比類なきリゾート

松永――　初めは怖さもありましたが、転職や異動をたくさん経験して、慣れてきた部分もありました。もちろん不安が全くないわけではないのですが、やはり、その場その場を楽しんでいくということ、前向きに考えていくことです。辛いこともちろんありますが、短期的に見ないで長い目で見て取り組むのがいいのではないかと思います。私自身は、基本的には楽観主義者だと思っています。

海外への夢を育んだ青年時代

――　お生まれは福岡県、どんな子どもさんでしたか。

松永――　外で野球をしたり、家の中にはじっとしていないような、普通の子どもでした。両親とも教師だったのですが、長男だった割に自由奔放にさせてもらいました。

――　西南学院大学の英語学科卒。英語がお好きだったんですか？

松永――　中学生のときに洋楽が好きになり、周りに外国人の英語の先生がいたこともあり英語に興味を持ちました。ビートルズやイーグルス、エアロスミスなどアメリカやヨーロッパの音楽に興味を持ち、小遣いをもらってはレコードに費やし、友だちともよく音楽の話をしていました。中学二年生の頃、祖父に連れて行かれて初めてメジャー・リーグ・ベースボールを見る機会がありました。あまりにもパワフルな野球を見せられ、感動しました。そんなこともあって、いつかアメリカに渡って何らかの仕事をしてみたいとは思っていました。

――　少年の時の夢や憧れは大切なんですね。就職はどちらに？

松永――　青木建設というゼネコンに入社しました。一年間の業績のうちの約三〇パーセントは海外の仕事という会社で、海外要員募集に惹かれて応募しました。しか

ワシントンDCにて、
27歳の頃

し、すぐに海外に行けるというわけではなく、三カ月間、英語詰めの研修期間を経て、大阪・東京と三年間は国内で仕事をしました。

――海外で最初に行かれたのはどちらですか？

松永――最初は台湾に赴任し、ホテルの開発、投資の管理、支店の経理などを行いました。台湾では英語ではなく中国語が必要ですから、会社が終わった後に学校に通い勉強しました。

――台湾でのお仕事で、どういうことを感じられましたか？

松永――台湾の人は非常に親日家が多く、顔も日本人とよく似ていますが、内面的にはかなり違いました。情熱的で、自分に対してのプライドをストレートに表現する方が多いと感じました。

――初めての海外、そしてマネジャー、責任もあるわけですよね。

松永――ホテルの仕事は初めてでしたが、昼間は財務マネジャーをやり、夜は訓練生のように台湾人の幹部の方にトレーニングしていただきました。夜のホテルではいろいろなことが起こって、日本人のお客様もいらっしゃいましたので何かトラブルがあると呼び出されたり、一日の売上の集計を間違えないように朝までにやらなきゃいけないなど、結構プレッシャーを感じながらやっていました。

――夜は訓練生のようなこともしながら、昼間はマネジャーとして働く。大変でしたね。

松永――今考えると非常におかしな仕事の仕方だと思いますが、当時はそれを許していただいて、なんとか二年間を過ごすことができました。その頃はがむしゃらにいろいろなことを吸収して、興味があることをどんどんやっていこうという気持ちが今より強かったと思います。

異文化のなかで――台湾からアメリカへ

――台湾で過ごされた後、次がアメリカですか？

松永――台湾では人口二千人ぐらいの田舎で仕事をしていましたが、それがいきなり世界の大都市ニューヨークへ。最初は、なんとかなるだろうという楽観的な気持ちでしたが、いろいろな会議に出て英語が全く理解できず、このままやっていけるのかという壁にぶち当たりました。

――向こうの方は本当に容赦なく早く喋りますものね。

松永――特に東海岸の方たちは早口ですし、ニューヨークは移民が多いので、聞き取りづらい英語も多いです。なので、なおさら聞き取れませんでしたし、自分が話していることも十分伝わらず、最初の一、二年は苦労しました。週末は英語の学校にも行きました。仕事に支障があるのはもちろんですが、あちらではミュージカルなどいろんな楽しみがあるのに、それを理解できないというのはやっぱり苦痛で。できるだけアメリカでの生活をエンジョイしたいという気持ちもありました。

――ニューヨークでの仕事で感じたことは何ですか？

松永――アメリカと日本では、生活のシステムが全然違うということです。プライベートでも会社でも、自分で判断して、自分でリスクを負って、自分で行動しなければいけない。そこが集団行動の多いアジアとは異なる感じがしました。特にアメリカ東海岸の方たちは性格的にもドライな方が多く、話も結論から先に言うなど、日本の文化とは違うということを日々感じながら過ごしていました。

――台湾、ニューヨークと海外のお仕事を経験され、今度はシアトルに行かれるんですね？

松永――シアトルはアメリカのスイスと言われるぐらい森と湖、自然が豊かで、また程よく都会で、非常にきれいな町でした。

――そこでウエスティン・ホテルズ・アンド・リゾートのアセットマネジメント・ディレクターに。アセットマネジメントとは、どういうことをするんですか？

松永――当時は日本の企業が外国のホテルや不動産を買収して話題になった時期でしたが、青木建設も八〇年代の後半にウエスティン・ホテルズ・アンド・リゾートを買収しました。当時、ウエスティンというブランドの付いたホテルが世界中に約八十軒ありまして、シアトルはそのすべてを統括する本社でした。その中で特にウエスティンとして投資をしているホテルが二十数軒ありました。ほかにも投資などで関係しているホテルが数軒ありましたが、アセットマネジメントとは投資を管理する部署です。ちょうど三十歳でしたが、その責任者として着任しました。

——アセットマネジメントではどういうことが大切なんですか？

松永——ウエスティン自体、当時シアトルで五本の指に入る優良企業でした。非常に立派な会社で、いろいろな部署の方とうまく連携を取りながら、会社として投資をしているものの資産価値を上げていくというのが自分の仕事でした。

勇気をくれたモーツァルトとメジャー・リーグ

——日本とアメリカ、ビジネスの仕方はどういうところが違うんですか？

松永——最終的には自分で責任を取って行動しなければいけないので、コミュニケーションにしてもまず自分の意思をはっきりと示し、結論から伝えた上で、あとは目標を達成するための肉付けをしていくというのが基本的なやり方です。でも、シアトルの人はニューヨークなど東海岸の方たちと違って、わりと大らかでフレンドリーですから、コミュニケーションは取りやすかったと思います。

——アメリカでは一つの契約書がすごく分厚いんですってね。

松永——アメリカには現在百万人ほどの弁護士がいますが、日本はたぶん二万人ぐらいではないでしょうか。弁護士の数で見てもわかるように契約社会で、いろいろな

アメリカ南西部のアリゾナにて、32 歳の頃

自由がある代わりに契約書がきちんと整備されています。百ページを超えるものはざらで、その契約書を読んだり、弁護士と一緒に作成したりするのに非常に時間を費やしました。

——その後、シーザーパーク・ホテルズ・アンド・リゾートに移られて、取締役シニア・バイス・プレジデントというさらに責任のあるお仕事に。この間に青木建設が破綻するんですか？

松永——二〇〇〇年の終わりに青木建設が破綻して、再生手続きを取ることになりました。私はちょうどシアトルの仕事を終えてニューヨークに戻り、投資管理の仕事をしていました。

——自分のベースになった会社が破綻するというのはすごくショックでしょう？

松永——日本にも今まで一緒に仕事をしてきた仲間がいますし、会社としての魅力もたくさんありましたので、非常にショックでした。アメリカの会社が青木建設から分離されて、私は転籍をしました。そのときにはアメリカに骨を埋めるつもりで、永住権を取って家族で永住するつもりでおりました。東京の人事部長にも、「もう戻りません。日本に帰る切符は必要ありません」とお伝えしました。

——ニューヨーク時代は、モーツァルトの曲をよく朝に聴かれていたと伺いました。

松永——朝モーツァルトを聴くと元気になって、ほっぺたを叩かれたような「さあ、スタートしよう！」という気持ちになりました。

——メジャー・リーグ・ベースボールもお好きで、よく見に行かれたそうですね？

松永——年間二十試合ぐらいは見ました。ヤンキースやシアトル・マリナーズ、出張先でもよく見ました。春季キャンプもバケーションを取って見に行きました。

——厳しい仕事環境の中で、松永さんにとって自分を勇気づける場所だったんですか？

松永——今でもメジャー・リーグ・ベースボールを見ては勇気づけられています。球場に行くと何もしなくてもいい。ホットドッグにビールを飲んで、野球を見て、幸せを感じるひとときでした。

――さらに、イシン・ホテルズ・グループの副社長、ゴールドマン・サックス・リアルティ・ジャパンではアセットマネジメント部門のディレクターと、お仕事が変わっていかれますよね。

松永――　イシン・ホテルズ・グループは現在も日本で多くのホテルを所有する外資投資ファンドで、アメリカにいた時からお誘いがあり、日本市場が非常に活況な頃だったので、ホテルも含めていろいろな投資の仕事をしてみないかというお話でした。最初は話を聞くだけと思っていましたが、気が付けば日本に帰国していました。当時は、あまり先のことを考えずに一度やってみようという気持ちで取り組んでいました。今からすると非常に怖いですが。

――常にターニングポイントを良い方向に曲がっていっているように見えますが。

松永――　決して良い方向にばかりではなくて、結構紆余曲折がありました。外資系ファンドの仕事というのは非常に厳しい仕事で、周りに有能な同僚たちがいて、チームとして取り組んだからこそできたことだと思っています。その時一緒に苦労した仲間もたくさんいて、今でも大事にしています。

――とても忙しい中で、仕事のコツって何かあるんですか?

松永――　コツと言うほどではありませんが、常に整理をしながら取り組むようにしています。朝起きた時や週末の時間がある時に、グルーピングといって仕事をグループに分けて理解しやすいようにしながら取り組むようにしています。たとえばメール。多いときには一日三百件きたりしていましたので、それらを朝早くからグループ分けして、こなしていかなくてはいけません。

アジアNo.1のエンタテインメントリゾートへ

――そういう松永さんがシーガイアにこられました。

松永――　宮崎に来たのは五年前ですが、シーガイアも株主が代わったり、市場も非常に厳しかったりと、結構大変な時期でした。しかし何よりもシーガイアの魅力というのは壮大なリゾートのボリューム。約千人いる社員もみんな前向きに取り組んでいて、非常に人が温かいし、このメンバーだったらやっていけるなという想いがありました。

――まずは何をしようと思われましたか？

松永―― ベストプラクティスという言葉がありますが、いろいろなやり方の良いところを寄せ集めて、自分たちの良いやり方を作っていく。欧米のホテルでもずっと積み重ねてきたことで、そういうものをみんなと共有しながら行った結果、レベルが上がってきていると思っています。コンピューター・システム改善などによる取り組み方もありますが、あとは仕事のやり方、組織の作り方など、少しずつ変えてきました。

――アセットマネジメントを成功させるには、価値を高めることだと。

松永―― 私たちの会社ももちろん株主がいますし、お客様もいらっしゃいますし、社員もいます。みんなが幸せになるためには、価値を高めて、それを結果として出していかなければなりません。各地のリゾートホテルもますます競争力をつけていますので、私たちも負けないような魅力づくりをしたいと思っています。去年から少しずつ改装や改修にも取り組み始めまして、これから中長期的に予定しているものもあるので非常に楽しみにしています。

――社員の皆さんによくおっしゃっていることはありますか？

松永―― 会社の経営方針の一つに「元気になれるフェニックス・シーガイア・リゾート」という言葉があります。社員千人全員が温かい心を持ってお客様に接することで、お客様も元気になって自分たちも元気になって、リゾートの魅力を発信していこうと話

フェニックスカントリークラブ

ホテル客室からは海を望む

1階カクテルバー「パシフィカ」

しています。

——お好きな言葉って何かありますか？

松永——日本語で好きな言葉は「和して同ぜず」。何事もみんなとうまくやりながら結果を出しつつ、自分の特色や信念を持ってやっていきたいと思っています。もうひとつは英文ですが、日本語に訳すと「人間というのは失敗したときに終わるのではなく、やめてしまったときに終わる」。これは昔のアメリカ大統領リチャード・ニクソンが言った言葉で、へこたれそうになった時に思い出して、明日からもう少し頑張ってみようと思える言葉です。

——世界のホテルやリゾートをご覧になってきて、シーガイアはやはりすばらしいと思っていらっしゃる？

松永——そう思いますし、実際海外からのお客様も増えています。その方々が「すごいね！」と言うようなリゾートだと思っていますし、これからもさらに魅力づくりをしていきたい。目指すはアジアNo.1のエンタテインメントリゾートです。

（二〇一四年六月二十九日放送）

太平洋と広々とした黒松林の眺めはシーガイアの魅力

その後…

二〇一五年三月からシェラトン・グランデ・オーシャンリゾートの改装がスタートし、より上質なホテルライフを愉しめる施設を目指す。その後、シーガイアコンベンションセンターも改装される。二〇二〇年の東京オリンピック・パラリンピック開催をひかえ、海外からの観光客の増加が予想される中、ハード、ソフトの両面での更なる魅力アップをはかる。

村岡 浩司 有限会社一平 代表取締役

宮崎の街を元気にしたい

むらおか こうじ

1970（昭和45）年、宮崎市生まれ。宮崎大宮高校卒業後、米国へ留学。米国で友人と起業、帰国後、1999年有限会社一平に入社、2004年代表取締役に就任。多彩な飲食店舗を展開する一方、まちづくり活動にも取り組んでいる。

有限会社 一平

1966（昭和41）年、一平寿し開店創業。2001年にタリーズコーヒーとフランチャイズ契約。そばとき、CORNERなど飲食店経営の他、九州産素材100％の「九州パンケーキ」を販売。それを味わえるカフェを各地に展開中。

元祖レタス巻きを生んだ父、そのチャレンジ精神を受け継いで

――九州パンケーキは昨年、第一回「地場もん国民大賞」で金賞を受賞しました。今、そのパンケーキミックス粉を売っていらっしゃるとともに、パンケーキが食べられるお店も展開されているんですね。

村岡――もともとは家庭で食べていただきたいという気持ちで作ったミックス粉なんですが、地域のフルーツや野菜、肉などを組み合わせた一つの料理にしてみようと、食べられるお店をいくつか作っているところです。県内ではカリーノにSide Street Café、東京の代官山には九州パンケーキカフェを、また自由が丘のスイーツフォレストというお菓子のミュージアムみたいなところで、今月から半年ほどやらせていただきます。来年一月には台北にも出店、台湾の企業とともに五年で五店舗を作る予定です。

――他にも様々な飲食店を展開していらっしゃる。

村岡――タリーズコーヒーは宮崎市内と都城、鹿児島とで六店舗。他には山形屋に蕎麦屋を、また一番街にレストランバーもやらせてもらっています。

――一平はもともとはお寿司屋さんで、これはお父様が始められたんですか？

村岡――最近はあまり板場には出ていないのですが、私自身も寿司職人です。一階がお店で、その二階に住んでいたので、いつも何となく寿司のシャリの酢の香りがする中で生活していました。元祖レタス巻きとして皆さん覚えてくださっていますが、先代である父が福岡の修業から宮崎に戻って来てすぐにレタス巻きを出しました。私が生まれる頃のことです。レタス巻きのもう一人の生みの親と言えるのが、作曲家の平尾昌晃先生です。福

父、村岡正二さんが考案した元祖レタス巻は今も同じ味で提供される

Side Street Café では九州パンケーキを使用したメニューの数々が味わえる

岡の店に平尾さんが来られたのがきっかけで、当時は平尾さんが少し体を壊されていて、かつ野菜が嫌いということで、美味しく野菜を食べさせるお寿司をと作ったのが始まりなんです。

――お父様は新しいことをやってみようというアイデアのある方だったのですね。

村岡――新しいことに対してすごく好奇心旺盛でしたね。寿司業界で最初にマヨネーズを使ったり、ちょっと異端児だったと思うんです。それでも「美味しければ伝わるんだ」ということをよく言っていました。最初はアスパラを巻いたり、いろいろやったみたいなんですが、最終的に鮨飯と南九州独特の甘いお醤油に合うマヨネーズを開発してできあがった味なんです。それをずっと、レシピもそのまま引き継いでやらせてもらっています。

――そのチャレンジ精神は息子にちゃんと受け継がれているのかもしれませんね。

村岡――大きくなったら自分も寿司屋をやるということは子どもの頃から刷りこまれてはいたんですが、高校生になって外の世界を見てみたいという気持ちが強くなり、高校を卒業してすぐにアメリカ留学しました。『スタンド・バイ・ミー』という映画ありましたよね、田舎町のまっすぐな道を、主人公の兄たちが車に箱乗りになってバットでポストをなぎ倒していくシーンがあったんですが、その破天荒ぶりとまっすぐな道の風景がたまらなくアメリカの自由な空気を僕に感じさせてくれて、ここに行きたいと思いました。相談したら父がお金を準備してくれました。帯のついた百万円を出して、行ってこいと。本当に感謝しています。

アメリカで芽生えた商売の面白味。しかし、二十代の挫折

――アメリカに渡られて最初の印象はどうでしたか？

村岡――一人ぼっちでガチガチに緊張して行きました。ロサンゼルスに着いたときに、飛行機から

直接地面にはしごを降ろす飛行機だったんです。一歩目を踏みしめる瞬間に涙がいっぱい出てきました。それからコロラド州のグランド・ジャンクションというロッキー山脈の西側にある小さな町に滞在し、語学学校に通って、さらに大学へと進みました。

──その途中から起業家への道が芽生えるんですね。

村岡──最初はフリーマーケットを自分で主催していたんです。テーブルを磨いてニスを塗ったり、グラスやコップにペイントしたりして、仕入れたものを自分の商品にして出品する。商売というのはシンプルに言うと、百円で買ったものを二百円で売るということです。その差額の百円は何かというと、お客様が納得できる付加価値ということですよね。ですから付加価値をどうやって作るのかという基礎を、最初はお遊びですが、そういうところから学んでいったと思います。そんなある日、バイヤーが僕らの町にトラックでやってきて、「ジーンズあるか?」と聞くんです。彼らは全米でビンテージ、古着のジーンズを集めてヨーロッパに送っていたんです。「ああ、この商売面白い」ということに気づいて、そこからネットワークを広げ、アンティークジーンズを集めて売るディーラーになっていきました。商売が面白くなるにつれ大学へは行かなくなり、結局ドロップアウトし、日本で起業するために二十歳過ぎで帰国しました。

──面白いですね。宮崎に帰ってこられて、今度は何をなさったんですか?

村岡──しばらくは道路のアスファルトを敷くアルバイトをしたりして小銭を貯め、そしてアメリカで仕入れたジーンズを送ってもらって、卸や小売を始めました。順調に七、八年やっていましたが、うまくいかなくなって大きな負債を抱えました。二十八歳で数千万の借金です。にっちもさっちもいかなくて、最終的には頭を丸めて、親父に弟子入りさせてくれとたのみに行きました。

──寿司職人としての修業はどうでしたか?

村岡――　修業の場というのは、窮屈ですよね。ただ自分が生まれ育ったところですから、昔から厳しい様子は見ていますし、みんなが暖かく迎えてくれて、一年経つ頃には本当に食の仕事が好きになりました。お客様が食べてくださって、お金を払ってくださって、なおかつ「ありがとう」と言ってくれる。こんな素敵な商売はないと思いました。美味しくなければ次はもう来ないでしょうし、日々進化をしていくことで商売が発展していくという、シンプルでありながら奥が深いというところに魅力を感じるようになりました。

「俺は俺でやれるんだ」、挑戦の日々の三十代

――その後、コーヒーに目を付けられた。セルフコーヒーの店は、宮崎ではまだなかったですよね。

村岡――　他社も含めて、ああいうセルフスタイルのコーヒーショップというのはまだなかった時代です。昔から興味があったのがスペシャルティコーヒーという分野です。八〇年代の終わりにアメリカにいて、九〇年代にスターバックス社が猛烈に伸びていく様子を見て、新しいコミュニティを作っていく仕事はすごく面白いなと思いました。女性が一人でもゆっくり楽しめて、ファミリーや若い人たち、年配の方もみんなが集えるような街角のコミュニティみたいなものが登場してきました。スターバックスではそれをサードプレイスと呼んでいますし、タリーズもやはりサードプレイス的な空間を作っていくという考えでした。それをこの宮崎でいち早くやってみたい。むしろ、九州で最初に作ってみたいと当時思ったのを覚えています。

シンプルかつ奥の深い食の仕事に
魅力を感じるという村岡さん

――タリーズは九州では、最初に宮崎に来たんですね。

村岡――当時は東京で直営のお店が少しあるだけで、フランチャイズの展開ということでは我々が全国で第一号、九州では宮崎が初のオープンとなったんです。私の店づくりのコンセプトは、「時間、空間、思い出、感動」。お客様それぞれが楽しく使えて、何かの感動がある。誰かと会ったとか、デートしたとか、家族と一緒に過ごしたとか、そういう思い出をちゃんと引き継いで次に繋げていくことが、お客さんの思い出を守ることでもあると思うんです。寿司屋の方ではもう親子三代目くらいのお客様もいらっしゃいますし、お子さんが成人して結婚し、孫に〝一平〟と名付けてくださった方もいたりします。そうなると、お店がなくなってしまうと思い出ごと消えてしまうので、我々がしっかり経営して守っていく責任があると思っています。

――三十代はお寿司屋さんもタリーズもと、大変でしたね。

村岡――二十代に一度失敗をして世話になっていますから、「俺は俺でやれるんだ」ということを証明したい気持ちもあり、とにかくたくさんチャレンジした三十代でした。オープン当初は、タリーズは大繁盛したんですが、大変な時期も長くありました。その間に父が他界し、一人で全部背負わないといけなくなりました。やはりうまくいかないことの方が確率としては多かったような気がします。

「九州」をしっかり売り、その中で輝く点になる

――九州パンケーキを作ろうと思われたのは何だったんですか？

村岡――地域おこしとして「街市」という企画を一番街商店街の皆さんと一緒にやっているんですが、街市というのは「佳《よ》い食の力で街を元気に」というのがテーマなんです。

九州１号店となったタリーズコーヒー橘通り店は、オープン当時、タリーズ全店舗（全国）の月間売上げ、日販売上げの日本一になった

生産者、農家の皆さんが作っていらっしゃる農産物や加工食品などいろんなものがありますが、やっぱり農家さん自身がものづくりをして、ブランディングをして、マーケティングして、流通までやる、いわゆる〝六次化〟というのはなかなか難しいんです。いろんな相談をいただく中で、彼らが作ったものにどう付加価値を付けられるかということを考えました。それが原点となって、「自分だったら素材にどうやって付加価値を付けてマーケットに出せるだろう」と考え、オリジナル商品を流通させるということにチャレンジしてみようと思いました。そこで考えたのが九州全体を表現するようなプロダクトなんです。

――宮崎ではなく九州にこだわったのはどうしてですか？

村岡―― 地域活動をやっていると、もちろん皆さん自分の地域を如何にして売るかという事を第一に考えます。例えば宮崎の街中でしたら、「一番街に来てほしい」「宮崎に来てほしい」ということをみんな考えますね。でも海外や関東から見ると、やはり九州というのが大きな一つの目的地＝エリアなんです。ですから僕らは、まずは九州というものをエリア全体でしっかり売って、そのうえで地域は、その九州の中の〝輝く点〟にならなければ勝てない。輝く点の集合体が九州であってほしいし、そうなれば、もっと宮崎という点の良さも発信していけるのではないかと思ったんです。そういった考え方をプロダクトに置き換えて考えてみると、九州全県から一つずつ優れた素材を集めて作った商品というのは意外にない。北海道なら、帯広や網走に会社があったとしても、地域全体を冠したブランド、例えば〝北海道チーズケーキ〟として売られます。しかし宮崎で作ったチーズケーキを九州チーズケーキとは言わないですよね。これからは宮崎であっても堂々と九州という地域を冠したフレーズを使うべきだと思うんです。

CORNERの前で。一番街のほぼ中央に位置している

九州パンケーキは、九州七県から素材を一つずつ集めてきて作っています。九州を南北に割ると、小麦粉は北半分のエリアでたくさん作られていて初夏の原風景なんです。一方、南九州の我々の原風景は田んぼのお米ですよね。ですので九州の小麦をメインに、米粉もブレンドしています。綾町の無農薬の合鴨農法で作られたお米を発芽玄米の状態で粉にして入れたり、熊本県の黒米や、福岡の赤米など日本の米の源流と言われる古代米を使ったり。歴史背景や九州の文化、もちろん栄養価も考えながら様々な雑穀を入れて九州パンケーキの味ができています。

――こだわってこだわって、これがもうベストミックスだというものに辿りついた？

村岡――　僕自身は日本一美味しいパンケーキができたと思っています。今まで何十種類もパンケーキを食べましたが、これ以上に美味しいものはない。この先、まずは年間百トン作るのが目標なんです。そうすると日本中のスーパーで売っているホットケーキ粉の売上シェアの一パーセントくらいになるんです。今まで外国産の粉で作っていたものを国産で、なおかつ九州産で全部置き換えるわけですから、これはちょっと痛快じゃないですか。自給率向上のためのプロジェクトというのはいろいろありますが、僕らはそういう難しいことをテーブルの話題に乗せることなく実現させる。ホットケーキというのは、お母さんが最初に子どもと作って食べるハッピーな料理ですから、美味しく食べてなおかつ食育にも繋がっていたら素敵です。しかも地域の課題を同時に解決することができる、これは非常にやりがいのあるチャレンジだと思っています。夢は小麦の本場ヨーロッパのみならず、いつか九州パンケーキを世界中で食べてもらうことです。

ノートパソコン片手に、県外・海外へと
飛びまわっている村岡社長

目標を一つにすると、パワーが出ます

――事業家としても忙しい村岡さんですが、街づくりも頑張るのはどうしてですか？

村岡―― 私が二代目を継いで、「新しい食文化を創造して、人と地域を元気にする」という企業理念を作ったんです。人と地域を笑顔にし、元気にするために事業をやる。これは車の両輪のようなもので、街を元気にする活動があって我々の企業も存在する。だから、私にとってはすごく自然なことです。今年はまつり宮崎の推進委員長をさせていただきました。思い出いっぱいのまつり宮崎が復活して、若い人たちにとっては新しいものが生まれ、あれだけの人が来てくださる。感動しました。人が集まることのパワーは何事にも変えがたい。賑わいがあって、その風景を見て、自分たちの土地に対する愛情を再確認し、みんなでもっと元気にして行こうという思いが集まる。

――街づくりに関わるきっかけが何かあったんですか？

村岡―― 今はお亡くなりになりましたが、タリーズ一号店の場所を貸してくださった西村楽器店の池田達信社長が、場所を貸す条件として「商店街の役員になれ」と言ってくださったんです。それがきっかけでいろんな活動や街づくりに関わるようになった。池田さんは、街づくりというものに道を開いてくれた恩人です。街でいろいろな汗をかくということを経験しなかったら、今の九州パンケーキにも繋がっていないと思います。今年の春に一番街商店街の空き店舗はゼロになりました。空き店舗があるという状態自体は悪いことではないんですが、ずっと次が埋まらないという〝新陳代謝がない〟状態が問題です。一番街は基本的に新陳代謝がすごく活発になってきたと思っています。尊敬する理事長さんがいらっしゃって、その号令で皆一丸となって活性化に向かっていける。目標を一つにするとパワーがたくさん出ます。

――お話を伺っていると元気が出てきました。ご自分の性格をどうみていらっしゃいますか？

村岡――すごく心配性なところと、すごく大胆なところと両方あるんです。極端ですね。実は経営はあまり上手いほうではない。これまでいっぱい失敗していますので。いろんなことを一気にやっているように見えるかもしれませんが、いつも石橋を叩いているんです。ただその中で、攻めると決めたときには一気呵成に行く。後ろは絶対振り向かないで、勝つまでやるというところはあります。そういう意味ではしつこいですね。粘っこいというか。

――これからこんなふうにやっていきたいという理想がありますか？

村岡――僕はやはり宮崎の人間なので、宮崎に貢献したい、宮崎を売っていきたいという気持ちは強くあります。もちろん地元での仕事や活動の時間を第一としながらも、海外にも果敢に挑戦できる企業でありたいし、東京マーケットも食品メーカーとしては、今後の広がりなどを考えると攻めて行く必要があります。そういった「外」と「中」をバランスよくやれる企業になっていきたい。根はしっかり宮崎に持ち続ける。海外では、台湾の次はアジア、そしていつか欧州、ヨーロッパですね。ヨーロッパはEUという一つの経済圏の中に五億人がいますので、そこで九州の食を積極的に出していきたいという夢を持っています。小麦の本場のヨーロッパでも、九州パンケーキを食べてもらえるとすごく嬉しい。考えるだけでワクワクします。

（二〇一四年十月十二日放送）

まちづくり活動に力を注ぐ。
一番街商店街にて

その後…

二〇一五年一月、九州パンケーキカフェ台湾一号店が台北にオープン。台湾に五年間で五店舗の出店を目指している。他にもシンガポールとの交流を深めるなど、二年先、三年先をイメージしながら行動するがモットー。宮崎を拠点に東京、台湾と忙しく動いている。

米良 充典　米良電機産業株式会社 代表取締役社長

テーマをもって取り組めば チャンスはある

めら みつのり

1945（昭和20）年、福岡県生まれ。鹿児島経済大学経済学部卒業。日立電線株式会社（現日立金属株式会社）入社。70年、米良電機産業株式会社入社。99年、代表取締役社長に就任。2010年、宮崎商工会議所および同連合会会頭に就任。

米良電機産業株式会社

電材、LED照明、太陽光発電、オール電化などを手がける。1952年、個人商店として電材卸業を創業。55年、有限会社米良電機店設立。67年、有限会社共立パネル製作所を設立。68年、本社社屋を現在地に移転。72年、現社名に組織変更。

年初め、朝一番、何事も始まりが大事

―― 新年はいつもどのように過ごされるんですか。

米良―― 毎年まず宮崎神宮にお参りして、家族写真を撮って、遅い朝食を摂る。もう四十年以上続けています。元旦が父の誕生日でもあるので、まずおやじの説教を聞いて一年が始まるんです。

―― 企業の社長として、また商工会議所の会頭として、この数年大忙しじゃなかったですか。

米良―― 最初はそうでもなかったんですが、この頃だんだんと忙しさが増してきまして。もう時間との闘いです。会社の仕事と商工会議所の仕事の割合が五分五分というところです。朝七時半前には会社へ行って、それからの一時間ないし一時間半が一番のキーですね。仕事上の全てのものの処理をして、八時半から九時にはお客さまも来始めますし、いろんな行事も入りますので。

―― 朝ってやっぱり仕事がはかどりますか。

米良―― そうですね、朝が一番集中しますよね。電話も鳴りませんし、人も遮断できますので。特に社員の営業日報を見ると、気になることがざーっと頭に入ってきます。それを全部ピックアップして、後で社員に電話したり、所長や専務を呼んで「これ、どうなっているの」と聞いて処理します。

―― ところで宮崎の景気、経済、このところどんなふうにご覧になっていますか。

米良―― 年末に向かっては、官公庁の入札等々が不調に終わっている。落札できていない仕事が五件中四件。つまり、落札している方が一件とか、多くても二件というふうになっています。資材の値段が高くなってきているというので、合わないということが一つ。それから、人手が足りないし、リースの機械などもないんですよね。その上、一級施工管理士は官公庁の仕事は掛け持ちできないんですが、今まで不景気だったので一級施工管理士を多く抱えているところはない。だから、これから

先大変だと思います。去年ですが、土木建築業の全国版の組合が経団連に「あまりに安価な仕事については、もう応札できない。値段を上げてくれ」という申し出をしています。

――これからはどうなっていきそうですか？

米良――一次産品である畜産や野菜は極めて順調にきていますし、ご存じのとおり和牛が二期連続日本一で、合計十年間、宮崎が日本一になっているわけですね。熊本や鹿児島の仲買の方が宮崎に牛肉を売りに来ても、宮崎の肉屋さんは買わないっていうんですよ。「なぜ」って聞くと、宮崎の人が「宮崎牛じゃないと買わん」と言われる。典型的な地産地消ですよね。

――消費者の財布のひもが緩んできますかね。

米良――消費者心理というのは、お金よりも心が豊かにならないと、と言うかほっとしないと買わないんです。不景気のときでも皆さん、お金は持っています。だけど買わないんですよ。先行きが不安なんですね。言い方を変えれば、先行きが安心ならば、今、お金がなくても買っちゃうんです。入る見込みがあるから買えるんですよね。入る見込みがなければ、今あるお金をどう大事に使うかということに思考が行きますので、なかなか買いません。しょせんは心が動くかどうかということです。

――講演で「宮崎の人に働きなさいと言うので、僕、嫌われるんですよ」とおっしゃっていました。

米良――働くといっても人を見ながら働くんじゃなくて、自分を見て働くことがいいと僕は思っています。動かないと情報も入ってきません。情報が手に入れば、仕事のテーマは幾つも出てくるわけです。楽に情報を得ようとするのは、サボタージュじゃないのかと思います。「その仕事はお金になりませんよ」などと、人が本当のことを教えてくれることはありませんから、自分で動いて得た情報が正しい。そうするとお金は入ってきます。宮崎の人たちは、情報が少なくても食べていける、そうがつがつしなくていいと言います。しかしこれからはそうはいかないと思います。

開発ラッシュに沸いた高度成長期の電気需要

――米良電機産業は、もともとはお父様が創設なさったんですね。

米良―― 昭和二十七年にオープンしました。オープンといっても一間間口のところでやっていましたので、あちこち営業に行っていたと聞いています。父はもともとは鹿児島の人間で、父の兄が電気工事をするための材料を売っていたんですが、兄弟で同じ土地でやっていてもしょうがないので、鹿児島から出ようと思ったそうです。鹿児島駅でばっちょ笠をぽんと投げ、倒れた方向で鹿児島本線で上るべきか日豊本線で上るべきか決めたそうです。偶然、宮崎の方に倒れたというわけです。今度はどこの駅で降りるかが問題で、当時は都城と宮崎、日向の富島駅付近が繁栄していたらしいんですが、県庁所在地という理由で宮崎駅で降りたそうです。当時の宮崎はほとんど田んぼばかりですよね。ようこそ県庁所在地に降りたなと思います。

――電気工事関連の材料といいますと、どういうものでしたか。

米良―― 一般家庭の屋内の電気をつけるための電線とか、その電線を支持したり保護するものを売っていました。今みたいに多種多様の照明器具って当時はないんですよね。選べるのは明るさだけですよ。二〇、四〇、六〇、一〇〇ワットというふうに。あとは上から吊るシェードなのか、ガラスのシェードなのか、アルミニウムなのかというだけ。裸電球というのが普通だった時代ですから、とにかく売る品物も多種多様ではありませんでした。電気法はそのとき既にあって、ほとんどの家が木でしたから、電線が燃えないように、火事にならないようにという保護関係の

右／昭和30年代の米良電気店
左／昭和27年当時の米良電気店

ものがたくさん出ていました。

——子どもの頃は自転車でお得意様に届けたりしたそうですね。

米良——はい。小さい体で持てる範囲のものを積んで、自転車でお得意様のところにえっちらおっちら行きました。当時はまだ舗装されておらず砂利道で、そこにロマン座という映画館がありまして、本当に昔懐かしですよね。昔のものは、もう何もありませんね。

——お父様の仕事の様子をご覧になって、ご自分は跡継ぎだと思っていらっしゃいましたか。

米良——いや。私みたいなイレギュラーな男は、跡継ぎとは考えてなかったですね。本音を言うと土木関係に行きたかったんですよ。ダムを造るのに憧れていました。当時は日本が大きく発展する途上の時期ですからね。うちが電気関係を選んだのも、日本が終戦から企業発展のためにはエネルギーを大事にするという流れがあったんです。オイルとかいろいろある中で、電気を選んだ。そういう中で発電所が次々にできていったんですよ。

——水力発電所にお父さまが連れていってくださったんですって？

米良——宮崎は川がたくさんありまして、大淀川や一ツ瀬川など多くの川に水力発電所を造っていった時代でした。発電所なんて馬鹿でかいものは無理ですが、発電機のようなもの、またそれにまつわるほうきや雑巾までトラックで届けていた時代です。発破工事をするときは、ダイナマイトを電線でつないで、離れたところでボタンを押してドンとやる。これに必要な電線もうちは納入していましたが、ダイナマイトですから電線も吹っ飛んじゃうんですよ。一回きりで完全消耗品なんです。だから、すごく注文をもらった覚えがありますね。

寝ずに電線のことを学んだ三年間、通い詰めて得た故郷の人脈

――それから大学に進まれますが、卒業後の就職先は米良電機じゃないんですよね。

米良――日立電線に就職しました。三年間勤めて、昭和四十五年にこちらに帰ってきたんですが、日立電線では非常に勉強させてもらいました。あそこの考え方はすごかったですよ。新入社員を雇うぐらいなら、今いる社員に残業させた方が良い。新入社員がものになるには三年から五年かかるから、それなら今のベテランに残業代を払った方が効率はいい。そういう会社ですから、行った当初から引き継ぎノートをぽんと与えられ、現場に一回連れていってもらっただけで、あとは自分の力でなんとかしなければなりませんでした。

――自分で何とかしていかないといけないんですね。

米良――広い工場にだーっと機械が並んでいて、全部覚えなきゃならないんです。五桁の数字が紙に五枚ぐらいありましたかね。とにかくそれを覚えないと仕事にならないんで、二、三週間で覚えた記憶があります。電線にも設計図面があって、これは持ち出し禁止です。それを内緒で全部持って帰って、寮で畳に並べて全部覚えました。夜は二時ぐらいまで、朝も五時前後には起きて勉強。結局二、三時間しか寝ていない生活が三年間続きました。これがなかったら今の僕はないですよ。

――日立電線で鍛えられ、宮崎に戻るのは何かきっかけがあるんですか?

米良――三年ぐらい経ちましたら、父が「帰ってこい」とわざわざ日立まで来たんですよ。私は「冗談じゃない。これからが一番面白いのに何で帰らなきゃいかんのか」と反発したんですが、困ったのは寮におやじが泊まるわけですよ。あの頃は一人部屋で、ちっちゃな布団におやじと二人で寝るともうたまらない。勘弁してくれという感じで。三日目には「分かったから、もう帰ってくれ」と折れました。「おやじと寝るんやったら、会社の電線の間で寝るわ」という感じでした(笑)。

――お父さんの粘り勝ちだったんですね。

米良――　そうなんですよ。昭和四十五年だったと思います。けれども、せっかく帰ってきたんだから、おやじの言うとおりにしていてもしょうがないと思い、『三井財閥』という本を読みました。記憶が不確かですが、三井財閥はもともと呉服屋さんだったんですよね。それが幕末になって大勢いた社員が三十人まで減ってしまう。あの頃は集金システムってありませんでしたが、番頭さんが自ら回収したんです。それから日清戦争でまず輸送を手がけます。確か弁当の注文も最初にとったんですよ。次が日露戦争。舞鶴港から中国に渡る輸送船で、兵隊さんも、物資も、中国への輸送は三井が取っていく。そうして財閥ができあがっていくんです。それで思ったんです。官公庁などと手を組まないと企業は大きくならないし安定しないと思いました。宮崎に帰ってきて一、二年経ってから、県庁と市役所の建築課や電気課に毎日通いました。午前と午後の二回。仕事以外にも映画の話もしたし、趣味の話もした。最後は、話すこともなくなるほどでした。

――そうやって信頼関係ができるといいですね。

米良――　こっちは電線のことしか分からないですから、官庁の建築や電気の専門家から、教えてもらうことの方が多かったですね。現在のように発展しても、基本は何も変わらないんですよ。オームの法則も変わりませんし、プラスとマイナスも変わらない。基本的に電線は二本で、これを間違わなければ大体応用できます。自分は素人で、いろいろと習いながらやってきた。それが大きなきっかけになって、ごひいきにしてもらったと言った方が正しいんでしょうね。

探究心とチャレンジ、そして諦めない心

――企業としては時代に合わせて変わっていかなきゃいけないんでしょうね?

受配電盤を製造する米良企業グループ(株)共立電機製作所

米良――　それはもう、適応性がないと残れない。ですから情報と、それに対応できる体制が必要です。うちの社是は「育人・敬客・愛品」です。人を育てることが一番の軸でして、全てに先んずると言っています。

――企業のトップとしてこれだけは気を付けよう、心掛けておこうということありますか。

米良――　まず気を付けなくちゃならないのは、健康でしょうね。突然、倒れるわけにはいきませんから。それと自分の性格をどうコントロールするか。相当荒っぽい、わがまま勝手なことを言いますから。朝礼をしていて、お客さんが「○○さーん」とうちの担当を呼ぶ。ついお客さんを「うるさい」って怒鳴ったこともあるんです。後で聞いたら「慣れちょるから、もういい」って言われましたが。これは今の大きなテーマです。人のことを言えた義理じゃないんです。

――商工会議所連合会の会頭としてはどうでしょうか。宮崎の場合は中小企業が多いので、まずは企業をサポートするということがありますよね。

米良――　宮崎の人に必要なのは、探究心とチャレンジでしょうね。そして諦めない心。松下幸之助が言っています。「おれは仕事に失敗したことない。成功するまでやるから、失敗はないんだ」と。だから諦めないことですよね。宮崎の人は諦めやすい。商売っていうのは、お客さまが答えを出すんです。売る側が答えを出してしまってはダメ。お客さまからダメだと言われたら、それは考えないといかん。でもダメ出しされてもいないのに、何で自分から手を引っ込めるかが分からない。

「人を育てる」がモットーの米良社長。
米良電機産業本社にて、女性社員とともに

二〇二〇年に向けて、自分は、宮崎はどう切り込めるか

――商工会議所で起業家を育てることもなさっていますが、企業を興す場合は何が大切でしょう。

米良――やはりお金をどうやりくりするか、収入と支出をよく考えて始めることだと思います。理想は高くていいんですが、「たぶん皆さん買ってくれるだろう」ではダメなんです。買ってくれて、お金が入ってから、次のいろんな事柄を考えなくちゃならない。稼がないうちに「お金が借りられない」とか「お金を借りたければども、なくなった」というのは、商売人としての基本がわかっていないと僕は思うんです。まずはベースを作るために、どうやってお金を稼ぐか。そのためには情報を得なくちゃならない。自分が売ったお客さまのところに行って、あるいはせめてお電話をして、「うちの商品はいかがでしたでしょうか?」と聞く。使ってみた、食べたみた、感想を尋ねる。そうすれば、包装はこうしたほうがいい、箱はこう、中身は、形は、とすごい勢いで教えてくれますから、それを確実に手直ししていくと、ファンが一人作れるんですよ。

――若い人たちのサポートもなさっていますが、どう見ていらっしゃいますか。

米良――机上の空論というか、論理では私なんか勝てません。皆さん優秀です。問題は、たゆまず努め諦めない気持ちとか、答えを相手に委ねないとか、収支についてはもっと慎重に考えるとか、本人が実際やってみないといけない。お菓子を売るには自分が作ってみなくちゃどこがどう難しいかは分からない。情報が足りないといいものができないし、結果として売れない。もっと多方面の人にいろんなことを聞いてほしい。そして、勉強したら実行しよう。チャレンジすることはすごくいいことだと思うし、やっぱり長続きしてほしいですから。

――米良さんはお寺めぐりがお好きだそうで。

米良——常日頃、悪いことばっかしてますんで、ちょっとだけ懺悔しております。お寺めぐりの楽しみ方は、皆がよく知っているお寺を一つと、全く知られていない秘密のお寺を一つ、二つお気に入りを持つのがいいとよく言われますね。僕は奈良のお寺に行くことが多いんです。ちょっと奥になりますが、室生寺がいいですよ。京都のお寺は、仏像が国宝だったり重要文化財だったりしてなかなか見られないんですが、奈良は割と自由に見られるんです。ゆっくり見られるお寺が何となく落ち着きますね。自分のペースで歩けますから。まず一人で行くことですよね。人と行くのは、タブー。

——これからの宮崎はどうあってほしいと思っていらっしゃいますか。

米良——最近では宮崎も太陽光バブルがあり、特に建築業界は活発に動いたと思います。でも、次に何が来るかということを探さなくちゃならない。それが一つです。二つ目は、二〇二〇年に行われる東京オリンピックの情報を得る必要がある。宮崎がどういう形でそこに参加できるのか、自分がどこに関われるのかということを、ぜひ情報として集めてほしい。そうすれば、自分の商売をいくらでも掘り起こせる。どこにでも市場は転がっているはずです。宮崎が考えていることは他県も考えています。手をこまねいて見ているんじゃなくて、テーマを持って取り組めばきっとチャンスはあると僕は思います。

（二〇一四年一月五日放送）

米良電機産業本社前の公園にて。若い世代の探究心とチャレンジ精神を期待する

その後…

系列会社の株式会社共立電機製作所では、高圧受配電盤を生産し、国内はもとより、タイ、マレーシア、インドネシアに輸出。また太陽光で蓄電し発光するLED街路灯を中東の砂漠地帯に設置する計画も進行中。二〇一六年に日本商工会議所青年部全国大会が宮崎で開催される。一五年は千人を超える関係者が来宮の予定。商工会議所会頭としても忙しい日々を送っている。

渡邊 眞一郎 京屋酒造有限会社 代表取締役社長

伝統と革新——焼酎を世界に

わたなべ しんいちろう

1948（昭和23）年、日南市生まれ。慶應義塾大学商学部卒業、日本不動産銀行（現あおぞら銀行）入行。78年、京屋酒造有限会社専務取締役就任、93年1月より同代表取締役社長に就任。2003年より宮崎県酒造組合会長を務める。

京屋酒造有限会社

1834（天保5）年創業。伝統・伝承の知恵と宮崎の自然の恵みを大切に、日南市酒谷や串間市大束の芋と、酒蔵のある桜ヶ丘の清水を使い、昔ながらの甕仕込みで現代の食ともマッチする焼酎づくりにチャレンジし続ける。

やってきた第三次焼酎ブーム、本来の味わい方が認められ

――最近は東京の居酒屋にも南九州の焼酎がずらりと並んでいて、うれしくなりますね。

渡邊――　おかげさまで最近は東京でも焼酎が大きな顔をして並んでいます。また大阪や福岡、仙台、札幌など全国に広がっていますし、清酒どころの東北でも焼酎派が多くなっています。最初の焼酎ブームは、昭和四十年代に鹿児島の白波さんが柳家金語楼さんのキャラクターで「六四のお湯割り」を東京でPRし始めました。これが全国的に広がる第一歩だったと思います。第二次ブームは僕が大学生の頃だったと思いますが、雲海さんがグリーンボトルの「そば焼酎　雲海」を東京に持ち込んで、ちょっと高級な焼酎を打ち出し、そこに大分の麦焼酎など飲みやすいものが出始めて、焼酎のイメージが変わりつつある時期でした。そして現在の第三次ブームですが、今回は麦も蕎麦も芋も含めて焼酎全体がグッと伸びてきた。中でも芋焼酎が断トツに伸びています。

――本格焼酎というのは、どういうものを定義しているんですか?

渡邊――　蒸留方法によって連続式蒸留焼酎と単式蒸留焼酎の二つに分けられ、さらに単式蒸留焼酎の中に単式蒸留焼酎と本格焼酎という区分があり、本格焼酎であるためには、こういう原料以外は使ってはいけないという規定があるんです。焼酎がどうやってできるかというのは、おそらく宮崎県民も知っていらっしゃる方は少ないですよね。業界としても、製造工程も含めてしっかりアピールしていかなくちゃいけない。この前、高島屋さんが売り出した福袋のひとつで宮崎に永住を希望する方が二十名ぐらいいらっしゃいました。その方々がうちの蔵に見学に来られて一番喜ばれたのが、芋の皮むき体験でした。うちは外でビールの箱に座って芋の皮をパッパッパッとむくんですが、それにはまってしまってなかなかおやめにならないんです。焼酎の製造工程に参加・見学してもらって、焼酎蔵

というのは観光素材としても意外と皆さんに楽しんでもらえるかもしれないと思った次第です。

――最近は安い焼酎も出ているようですが、本格焼酎はやっぱり違うということですね。

渡邊――　連続式蒸留焼酎というのは、海外から買ってきたアルコールを薄めて、それに本格焼酎を少しだけブレンドして出しているものが多いんですが、本格焼酎は南九州の地場で何百年と培われた風土の文化です。食文化としての焼酎を皆さんにご理解いただけると、焼酎の深みも出てくるのではないかと思っています。もう一つ、本格焼酎の特性として安全性も大きなポイントです。安全な原料を使い、安心してお飲みいただけるお酒ということにおいては、世界のどこで造っているアルコール飲料よりもしっかりしていますし、蔵元はみんなそれに命を懸けています。その点は世界に誇れるポイントだと思いますし、今後もっと強調していってもいい部分だと思っています。

――都会の居酒屋では焼酎をソーダで割ったり、梅干しが入っていたり、あれは本格焼酎ではないんですか？

渡邊――　昔は本格焼酎も東京ではそういうふうに飲まれていて、お茶で割ったり、ビールの素みたいなものと混ぜたり、「そんな飲み方するなよ」と我々は思っていました。しかしここ五年ぐらい、焼酎バーが出てきて、お湯割りやオンザロックなど焼酎をそのまま飲むスタイルが広がり始めました。本来の味を味わっていただけるので、非常にありがたい状況になってきています。「どうせアルコール類を飲むなら焼酎を」とお医者さんが勧めたことも一役買っています。我々団塊の世代が別の酒類から焼酎にシフトしたことも、ブームの大きな要因ではないかと思います。

苦手な自分でも飲めるよう開発したすっきり味

――渡邊さんは日南の油津出身。お父様の代から酒造会社をなさっているのですか？

渡邊――　はっきりはしていないのですが江戸の末期、天保五（一八三四）年くらい、僕の六代前から酒造りをしていたと言われています。父は、僕が小さい頃はブリ網の会社で漁業関連の仕事もやっていて、むしろそっちのイメージの方が強いです。

――酒造会社を継がなくてはという思いを持っていらっしゃったんですか？

渡邊――　いや、全然。大学を卒業する頃になっても、お袋も親父も別に継がなくてもいいと言っていましたから。大学は慶應大学の商学部でマーケティングを学び、卒業後は日本不動産銀行に就職しました。最初は新宿支店の営業勤務で、割引債や利付債などの金融債を売りました。タイトな仕事でしたが、利回りのいい商品で売り手市場でしたからよく売れました。あの頃が一番いい時期だったんでしょうね。高度成長の最中で、お給料の上がるペースがすごく速くて。入社翌年がオイルショックでしたが、景気は急速に回復した記憶があります。その後、本店営業企画部に移って、各営業部に毎月の貸し出し枠や方針を指示するセクションに行って、そこで退社しました。

――退社するきっかけは何だったんですか？

渡邊――　その少し前からお袋が人工透析を始めていて、「なんで東京にいる息子を帰さないんだ」と親父が親戚から言われているという話を聞きました。親父とお袋は「帰ってくることはない」と言っていましたが、古くからの番頭にも「社長も大変忙しくて疲れているので、帰ってきてくれませんか」と言われました。僕は高校も東京の学校で青春時代はずっと東京でしたので、東京を離れることはすごく寂しかったんですが、長男ですし、帰る決断をしました。

焼酎蔵は昔のたたずまいをそのまま残している

――帰ってこられてまず何をしようと思われたんですか？

渡邊――日本全国にうちの焼酎を売りたいと思いました。しかしブランドとしては無名ですから苦労しました。「焼酎は白波か雲海があれば十分」と言われる時代で、うちがお願いしてもまずは値引き交渉から始まって、営業としては面白みがないですよね。焼酎自体が関東地方ではまだ珍しい時代でしたから、しんどかったですね。夜汽車に乗って遠くの街に焼酎を売りに行くんですが、仙台から塩釜に行く仙石線に乗った時はすごく寒い季節で、真っ暗な駅で扉が開くたびにだんだん人が降りていって取り残される。寂しいというか侘びしかったですね。

――その状況が変わってきたのはいつ頃ですか？

渡邊――新しいタイプの焼酎を造り始めてからですね。酒造会社なのに、うちは親父もお袋も飲まない家だったんです。しかし、自分が働くようになって地元の小売店さんの宴会に出ると飲まざるを得ない。でもやっぱり芋焼酎の匂いが苦手で、「僕が美味しく飲めるようなタイプの焼酎を造ってもいいか？」と聞いたら親父がいいというので、すっきり型の焼酎を造り始めたんです。帰ってきて十年目くらいでしたね。「スーパーライトかんろ」という名前で、今でも売れています。当時、低温で蒸留した芋焼酎はほとんどなく、すっきりした味わいで香りもよく僕でも飲める。売れなくても自分が飲めればいいやと思って造った焼酎が結構売れて、それが後のヒット商品「甕雫」に繋がっていくんです。

代々伝わってきた甕を大切に、新しいものを加えていく

――「甕雫」開発にはいろいろご苦労なさったと聞いていますが。

渡邊――親父が亡くなって経営的にすごく厳しくなったとき、森永酒店という小売店さんに励まさ

れて、「起死回生の商品を作ろう」ということでできあがったのが「甕雫」です。亡くなる前に親父がいろんな原材料や仕込みを試していて、その中に串間市大束の紅寿という食用芋の皮をむいて仕込んだ焼酎があったんです。それを基にいろいろ試作して、他では真似できない商品をと思って生まれたのが「甕雫」です。「どうせなら甕に入れたらいいんじゃない？」というアイデアを森永酒店の方にいただいて、柄杓を大分まで一緒に探しに行ったりしました。出してみると思った以上に人気が出て、あれが売れなければ焼酎造りを辞めざるを得ないという状況でした。

―― 甕に柄杓というスタイルですね。甕で仕込んでいらっしゃるから「甕雫」なんですか？

渡邊 ―― 甕で仕込んだからというより、甕に入れて売るから「甕雫」としたんです。うちの焼酎は全部、甕で仕込んでいるんです。八十本から百本くらい甕があります。焼酎は仕込みのときに熱が発生しますが、ステンレスのタンクだと三千から五千リットルくらいあって、ただ攪拌するだけでは熱が下がりきらず、温度があるピークを過ぎると酵母が死滅してしまいます。だから大きな仕込みになると、同じカーブを描くように最初から最後までコンピューターで制御するんです。しかしうちは一つの甕が千リットルくらいですから、温度がピークになる前に櫂で混ぜたり、ステンレスのパイプに冷たい水を通した管を甕の中に入れておくと一晩で温度が下がり、それほど強制的に温度をコントロールしなくてもいい造りなんです。しかも、その日の気温や発酵状態によって同じカーブを描かせることは難しい。甕によっても発酵の状態が違います。そこで少しずつ違った焼酎を五種類くらい合わせるので、味に幅が出てくるのではないかと思っています。

甕に柄杓スタイルにこだわった「甕雫」

すべて昔から受け継がれてきた甕で仕込む

甕の温度調整は杜氏らの手できめ細やかに行う

ホーローやステンレスのタンクでも小さければ同じことなのかもしれませんが、代々伝わってきた甕を大切に使って、昔の造りの良いところは継承して伸ばしていく。そうでないところは新しい方法に変えていく。何を残して何を変えていくかが、経営の大切なところなのかもしれません。

食事にも合う低アルコール度数の蒸留酒、焼酎を世界へ

――都会の方たちに飲んでもらうために、味をいろいろ考えられているんですね。

渡邉――帰ったばかりの頃は、瓶の形やラベル、アルコールの度数だけで他社との差別化を図っていたんですが、もっと根本から変えないと差別化とは言えないと考えました。そこで原料を定番の黄金千貫から宮崎紅という品種に変えたり、皮を付けたりむいたり、ヤニの多いヘタを切ったりと、芋の種類や原料処理によって繊細な味を出そうと試みています。

――焼酎の第三次ブームのなかで、今後どんな展開をお考えですか?

渡邉――今後の戦略の一つとして、飲まれるシーンや出てくるメニューによって商品を造っていかなくてはいけない。例えばフグの薄造りには、うちの商品であれば「河童の誘い水」や「甕雫」を、煮込み料理だったら「平八郎」「時代蔵」という香りの強い黒麹で造ったものをお薦めする。ワインと同じで、焼酎も食事に合わせて変えていただくといいと思います。また焼酎のいいところは、最初から最後までお湯や氷の量で調整しながら自分の好きなように飲めるということ。これも焼酎が持っ

ている優位性の一つだと思います。

――焼酎もこれからソムリエが必要になってくるのではないですか？

渡邊――料理のことをよく知っていて、お客様の懐具合と相談しながら「それならこういう焼酎があります」ということを気軽に相談できるアドバイザーがいると強くなると思っています。芋焼酎の世界は、どうもワインの世界に近い。芋焼酎の原料は国産であるべきという消費者のニーズが強いんです。そういう意味では非常にストーリーが作りやすい。うちもワイナリーやシャトーみたいに、自分のところの畑で取れた芋を焼酎に加工するということを十年前から始めました。他にもそういう蔵が出てきています。

――海外の方にとって焼酎というのはどうなんでしょう。

渡邊――今、うちの会社はアメリカとヨーロッパに焼酎を輸出しているんですが、特にニューヨークは清酒の大ブームになりつつあります。和食ブームに伴って、清酒が食文化の一つとして認知されてきているんです。アメリカにお住まいの日本人は焼酎を飲む方が多いんですが、アメリカの方はやはり清酒を飲む。焼酎はまだほとんど知られていません。焼酎は蒸留酒ですが、アメリカやヨーロッパでは蒸留酒を飲みながら食事をすることに抵抗があるんです。何故かというと、代表的な蒸留酒であるウオツカなどは四十度や四十五度とアルコール度数が高いでしょう。だから彼らは蒸留酒と聞くと、食事と一緒には飲めないものだと思うんです。焼酎のように二十度とか二十五度と度数の低い蒸留酒というのは世界でも珍しいんです。ですから実際に飲んでもらって、焼酎がいかに食事を引き立てるお酒かということを理解してもらわなきゃいけない。

――将来は、東京の居酒屋さんに並ぶのと同じように、ニューヨークの飲食店にも並ぶといいですね。

海外の権威ある賞に輝く商品の数々

渡邊――　それを夢見ながら、「パリではあそこで飲めるぞ」「ニューヨークならここだぞ」と言えるような世界が来ないかなと。もちろん国内でももう少し身近な存在になるよう頑張らないといけませんが、全体的なマーケットが縮まっていく前に、新たなマーケットを開拓しなきゃいけない。

「心配するな、工夫せよ」の精神で夢に挑戦

――お酒というのは税金がかなりかかっているんですか？

渡邊――　以前は清酒より安い値段だったんですが、イギリスの元首相サッチャーさんから「国際ルール違反だ」と言われ、国際裁判で負けたんです。それで急に酒税が上がったんですが、不思議なことにそこから急に焼酎が売れだしたんです。しかも酒税のうち三二パーセント、つまり八十億近いお金が県に地方交付税として毎年返ってくるんですよ。三二パーセントは大きいですよね。酒税というのは蔵から出た瞬間にかかりますから、他県で消費されても、宮崎に本社と工場があって造ったものは全部返ってきます。

今、この八十億をぜひ百億にしようとみんなで話しているんです。夢じゃないですよ、あと二割ちょっと伸ばせばいいわけですから。焼酎づくりは、地域の農業にも雇用にも大きく貢献する。日本中で売れるようになったように、海外でも売れる可能性を秘めた将来性のある産業です。地域にメリットのある産業だという認識を行政も民間も共有できると、もっと違う観点からの営業戦略が出てくるのではないかと思っています。

――会社を運営していくうえで、何を大切にしていらっしゃいますか？

渡邊――　いい原料の確保と従業員の教育です。やっぱり人ですね。うちで働く人もそうですし、お付き合いする取引先もそう。スタッフには常に「日本一の焼酎を造るぞ」という意識を持つように言

っています。昔は地元の人たちだけに召し上がっていただいていましたから、ちょっと不具合があってもすぐご挨拶に行けました。しかし今は全国、世界各地で飲んでいただいている。そうすると焼酎をよくご存じでない方もいらっしゃいますし、屋台で飲む方もいれば一人何万円というお店で召し上がってくださる方もいらっしゃいます。そこにどういう形で焼酎を提供させていただくか、これが一番気を使うところです。

――どういう言葉が好きですか？

渡邊――　僕は岩切章太郎さんがおっしゃった「心配するな、工夫せよ」という言葉を大切にしています。工夫していかないと、企業も商品も人間も価値がなくなってしまうという感じがずっとしています。物が売れなくなる、会社がうまく行かなくなるということは、自分の工夫が足りないのだろうなと思って、工夫することを常に心がけてきました。その上で、地元の方たちにこういう会社があってほしいと思われるような会社にしていきたいということと、日本の蒸留酒、焼酎が世界から「丁寧に作られていて美味しいお酒だよね」と評価してもらえるよう、頑張っていきたいと思っています。

（二〇〇八年五月十一日放送）

食事にも合う酒として焼酎を
世界に広める夢を語る渡邊社長

その後…

二〇一四年、自社農園で有機栽培したそばを使って、原料がそば一〇〇パーセントのそば焼酎を作った。日本酒造組合中央会焼酎企画部会の部会長も務め、ニューヨークに焼酎の情報発信拠点を開設したばかり。日本の食文化としての焼酎の魅力を海外の人にも知ってもらいたいと、努力を続けている。

【掲載企業・機関等連絡先一覧】

霧島酒造株式会社
〒八八五-八六八八 宮崎県都城市下川東四-二八-一
TEL〇九八六-二二-八〇六六（お客様相談室）
https://www.kirishima.co.jp/

宮崎総合学院
〒八八〇-〇八〇二 宮崎県宮崎市老松一-三-七
TEL〇九八五-二二-〇六五八
http://www.msg.ac.jp/

神崎建設工業株式会社
〒八八〇-〇八一二 宮崎県宮崎市高千穂通二-六-一四
TEL〇九八五-二五-一一三三
http://www.kanzaki.net/

宮崎産業経営大学
〒八八〇-〇九三一 宮崎県宮崎市古城町丸尾一〇〇
TEL〇九八五-五二-三一一一
http://www.miyasankei-u.ac.jp/

宮交ホールディングス株式会社
〒八八〇-〇〇〇一 宮崎県宮崎市橘通西三-一〇-三二
ボンベルタ橘東館7階
TEL〇九八五-三二-五七九〇
http://www.miyakoh.co.jp/

株式会社 久保田オートパーツ
〒八八〇-〇二一六 宮崎県宮崎市細江字板川四三二
TEL〇九八五-六二-二九三九
http://www.kubotaap.com/

株式会社 黒木本店
〒八八四-〇〇〇二 宮崎県児湯郡高鍋町北高鍋七七六
TEL〇九八三-二三-〇一〇四
http://www.kurokihonten.co.jp/

株式会社 宮崎銀行
〒八八〇-〇八〇五 宮崎県宮崎市橘通東四-三-五
TEL〇九八五-二七-三一三一
http://www.miyagin.co.jp/

JA宮崎経済連（宮崎県経済農業協同組合連合会）
〒八八〇-八五五六 宮崎県宮崎市霧島一-一-一
TEL〇九八五-三一-二一五〇（企画広報室）
http://www.keimz-ja.or.jp/

国立大学法人 宮崎大学
〒八八九-二一九二 宮崎県宮崎市学園木花台西一-一
TEL〇九八五-五八-二八一一
http://www.miyazaki-u.ac.jp/

スカイネットアジア航空株式会社
〒八八〇-〇九一二 宮崎県宮崎市大字赤江
宮崎空港内（宮崎空港ビル2階）
TEL〇九八五-八九-〇一二三
https://www.skynetasia.co.jp/

医療法人　社会福祉法人　慶明会
■医療法人（けいめい記念病院）
〒八八〇-一一一一　宮崎県東諸県郡国富町大字岩知野字六江　七六二
TEL〇九八五－七五－七〇〇七
http://www.keimei.or.jp/
■社会福祉法人（さくら苑）
〒八八〇-一一一四　宮崎県東諸県郡国富町大字三名字初田　二六二一-六
TEL〇九八五－七五－五一一三
http://www.keimeisw.or.jp/

東郷メディキット株式会社　日向工場
〒八八三-〇〇六二　宮崎県日向市大字日知屋字亀川　一七一四八-六
TEL〇九八二－五三－八〇〇〇
http://medikit.co.jp/

一般財団法人　弘潤会
〒八八〇-〇八七九　宮崎県宮崎市宮崎駅東　三-九-一三
TEL〇九八五－六一－六一七〇
http://www.koujunkai.jp/

南九州大学
〒八八〇-〇〇三二　宮崎県宮崎市霧島　五-一-二
TEL〇九八五－八三－二一一一
http://www.nankyudai.ac.jp/

株式会社　日高時計本店
〒八八〇-〇〇〇一　宮崎県宮崎市橘通西　三-一〇-二四
TEL〇九八五－二六－一一〇一
http://hidakahonten.jp/

フェニックスリゾート株式会社
〒八八〇-八五四五　宮崎県宮崎市大字塩路字浜山　三〇八三
TEL〇九八五－二一－一一一一
http://www.seagaia.co.jp/

有限会社　一平
〒八八〇-〇八六五　宮崎県宮崎市松山　一-八-八
TEL〇九八五－三一－〇六一三
http://www.ippei-sushi.com/

米良電機産業株式会社
〒八八〇-〇八〇二　宮崎県宮崎市別府町　四-三三
TEL〇九八五－二六－二七一七
http://www.mera-denki.co.jp/

京屋酒造有限会社
〒八八七-〇〇〇一　宮崎県日南市油津　二-三-二
TEL〇九八七－二二－二〇〇二
http://www.kyo-ya.com/

時代を切り拓く言葉たち ——あとがきにかえて——

サンデーラジオ大学は、一九九二年四月に始まりました。毎週日曜の夕方、一人のゲストをスタジオにお迎えし、一時間ゆっくりお話を伺うインタビュー番組です。ご出演いただくのは、大学の先生からボランティア活動のリーダー、企業家から芸術家まで様々な分野の最前線で活躍する皆さんです。気が付けば、その数のべ千二百人を超えていました。これまでにご出演、ご協力いただいたすべての方々に心から感謝申し上げます。

長年サンデーラジオ大学を担当していると、必ず二つのことを訊かれます。まず、「毎週毎週、異なる分野のお話を聴くのは大変でしょう?」。確かに打ち合わせ、準備、本番と、かなり時間を取られるのですが、一度も苦労だと思ったことがありません。今度は、どんな方と出会えるのか、どんな世界を見せていただけるのか、わくわくしながら夢中で続けてきました。そこには、いつも発見があり、知恵がありました。知る喜びがありました。「それだけの専門家にお話を伺えば、さぞや博識になるでしょう?」これが二つ目の質問。でもこれも否です。インタビュー直後は、難しい物理のお話から高尚な芸術論まで、しっかり頭に入っているのですが、哀しいかなしばらく経つと頭から抜けています。それでも、何かが残ります。それは物事の見方です。視点と言ってもいいかも知れません。物事は、どちらからどう見るかで違って見えます。より的確に捉えるには、正しく見ること、そして多角的に全体を把握することです。

私は、これまでに千人を超える方々に、物の見方、考え方を教えていただきました。なんと幸運な二十二年だったことでしょう。そして、それが、リスナーの方々と少しでも共有できていたとしたら、インタビュアーとして何よりの喜びです。

十二年ぶりにサンデーラジオ大学の本をというお話をいただいた時、膨大な数の中から、どう選べばよいのか、ずいぶん悩みました。私にとってはどのインタビューもかけがえのない宝物だからです。考え抜いた末、今回は、企業や組織のリーダーの方々に絞らせていただきました。それもわずか二十人のお話しか掲載できないことがとても残念で、申し訳なく思っています。

最初の本を出版した十三年前に比べ、今、世界は更に複雑化し、簡単に答えの出ないことの多さに私たち一人ひとりが戸惑っているのではないでしょうか?そんな難しい時代に組織を率いるリーダーは、どんな風に、行く道を切り拓いているのか、私自身とても興味のあるテーマでした。お話を改めて文字にしてみると、そこには熱い想いとキラキラした言葉がありました。ひとつの言葉が困難に立ち向かっていく力を与えてくれます。そしてその企業の行く手を示し、光を与え、個人を支えています。言葉はなんて強いのでしょう。リーダーたちの言葉は、企業家のみならず今を生きる私たちすべてに、勇気と力を与えてくれると思います。

宝石のような言葉を下さった二十人の皆様、本当にありがとうございました。そして、開局六十年を記念して出版してくださいましたＭＲＴ宮崎放送、本作りを支えて下さった鉱脈社の川口敦己社長、編集者の小崎美和さん、カメラマンの羽佐間尚久さんに心から感謝申し上げます。

二〇一五年二月

ＭＲＴラジオパーソナリティ　薗田　潤子

MRTラジオ番組

「サンデーラジオ大学」

■放送日

毎週日曜日17：00～18：00放送

■提供社

株式会社 宮崎銀行

株式会社 デンサン

お菓子の日髙

照らす ここから明日へ
MRTサンデーラジオ大学 20人のメッセージ

2015年2月18日 初版印刷
2015年3月1日 初版発行

編　集　MRT宮崎放送 ©
〒880-8639 宮崎県宮崎市橘通西4-6-7 TEL0985-25-3111(代表)

発行者　川口敦己

発行所　鉱 脈 社
〒880-8551 宮崎県宮崎市田代町263番地 TEL0985-25-1758

印刷·製本　有限会社 鉱 脈 社

(定価はカバーに表示してあります)